1

千课日日新

天文 气象 地理

池玉玺 编著

知识产权出版社

图书在版编目（CIP）数据

字课日日新.1 / 池玉玺编著. — 北京：知识产权出版社，2018.1

ISBN 978-7-5130-5272-6

Ⅰ. ①字… Ⅱ. ①池… Ⅲ. ①识字课—小学—教学参考资料 Ⅳ. ①G624.223

中国版本图书馆CIP数据核字（2017）第278397号

内容提要

本书以字形为切入点，选取了1000余个有代表性的常用汉字，介绍其字形演变、字义来源，并以基础汉字为纲，略述其他相关汉字。按内容分为天文、气象、地理、植物、动物、器用、器官、手足、姿态九大类。旨在使初学汉字者明了汉字字形的道理，了解汉字的基本常识，并获得汉字学习、书写的趣味。

责任编辑: 龙　文　　　　　　　　**责任校对:** 潘凤越

装帧设计: 品　序　　　　　　　　**责任出版:** 刘译文

字课日日新.1
Zike Ririxin. Yi

池玉玺　编著

出版发行: 知识产权出版社有限责任公司	网　　址: http://www.ipph.cn
社　　址: 北京市海淀区气象路50号院	邮　　编: 100081
责编电话: 010-82000860 转 8123	责编邮箱: longwen@cnipr.com
发行电话: 010-82000860 转 8101/8102	发行传真: 010-82000893/82005070/82000270
印　　刷: 北京科信印刷有限公司	经　　销: 各大网上书店、新华书店及相关销售网点
开　　本: 720mm×1000mm 1/16	总 印 张: 23.75
版　　次: 2018年1月第1版	印　　次: 2018年1月第1次印刷
总 字 数: 350千字	总 定 价: 120.00元（全五册）

ISBN 978-7-5130-5272-6

前　言

　　"小学"是一门古老而系统的专门学问。通过对文字的研究，了解字形源流、声韵演变、意义分化、使用规律等，有助于对文字和文本的理解，从而达成对古代典籍，特别是上古典籍的准确理解；而文字本身，也蕴含着丰富的文化信息。

　　蒙学典籍《三字经》在提到为学次第时说：为学者，必有初。小学终，至四书。在古代，"小学"是一门重要的工具学科，是为学的基础；但在现行学科体制下，专门的语言、文字之学已经不再作为基础教育的教学内容，也远离了一般人的知识结构。

　　现在中小学的语文课本中，并没有系统的文字学课程，学生面对文字的字形、字音、字义，常常知其然而不知其所以然，只能以机械、僵化的重复练习来达成掌握，这就丧失了文字学习本应具有的乐趣，丧失了对文字的兴趣和感情，这真是很大的遗憾。社会上谈文字的书籍并不在少数，但其中许多存在严重的问题，牵强附会，歪解乱说，影响很坏。为了让学生在掌握文字时知其然又知其所以然，对文字学习有兴趣、有感情，对文字的理解生动而准确，笔者编写了《字课日日新》。

　　"小学"所包含的音、形、义三个部分，"音韵"最为专门和艰深，训诂则非常复杂，这二者要转化成基础教育的教育资源都很困难。倒是字形部分，因为形象直观，而且绝大部分常用字的甲骨文、金文、小篆、隶书到楷书，字形流变脉络比较清晰，容易使初学的孩子明其所以，从而对文字产生兴趣，产生亲切感。《字课日日新》正是以字形为切入点，介绍部分常用字的字形流变、字义来源、含义、词汇等。

笔者与"文字"结缘，最早因中央美术学院教师王浩先生偶赠杨树达先生《积微居小学述林》，读后有茅塞顿开之感，遂发生文字学的兴趣。2010 年始，研究生课业之余，抄录徐中舒先生《甲骨文字典》一过，作为学习文字学的一点基础。后以清人王筠的《文字蒙求》为线索，参阅《甲骨文字典》、方述鑫先生《甲骨文金文字典》以及段玉裁《说文解字注》等，有较为持久的研习。还曾参阅王国维遗书、台湾大学文学院古文字学研究室编的《中国文字》杂志。基本材料之外，还大略读过张舜徽、裘锡圭、詹鄞鑫等先生的部分理论著作。在编写本书的过程中，笔者还参考了裘锡圭先生的《古文字论集》，曾宪通、林志强先生的《汉字源流》，左民安先生的《细说汉字》，邹晓丽先生的《基础汉字形义释源》，季旭升先生的《说文新证》，张书岩等先生的《简体溯源》等。

管豹初窥，蠡海妄测。米粒之珠，微光自照而已。笔者以如此单薄的学力，编成这样一本文字入门书，内心十分惶恐。好在我的主要工作，只是做了一回搬运工，把前辈时贤的说解加以编排。感谢日日新学堂对该书编写与出版的大力支持，感谢学校教研中心主任武立杰老师的最初鼓励，感谢知识产权出版社龙文先生长期的关切和支持，感谢李谦先生的精心设计、排版。本书最初设计有插图环节，王若水、翟天然两位小朋友认真画了几十张插图，可惜后来的方案没能采用，在此深表遗憾，亦深表感谢。

孔子有云：知之者不如好之者，好之者不如乐之者。所以能够"乐之"，正在于能得其趣味。没有孩子不对形象感兴趣；文字当中的道理，也能让孩子有豁然开朗的快感。从文字本身的源头，寻找它们的变化规律，让文字的趣味在心上生长，让明其所以、豁然开朗的快乐充满内心，这是这本小书的本旨所在，非敢期以"学术"也。

池玉玺

2017 年 5 月 10 日

结构、体例说明

一、结构

本书由九个部分构成，分别是：

1. **天文**：日、月（附"夕""肉"）等基础汉字，以及相关汉字的字形、字义解说；

2. **气象**：云、雨、电（附"申"）、风、雪等基础汉字的字形、字义解说；

3. **地理**：水、山、石、玉、田、土等基础汉字，以及相关汉字的字形、字义解说；

4. **植物**：艹、瓜、禾、木、米、竹等基础汉字，以及相关汉字的字形、字义解说；

5. **动物**：牛、羊、马、犬、鸟（附"乌""隹"）、燕、鱼、贝、虫、鼠、虎、龙、凤、鹿、龟、象、兔等基础汉字，以及相关汉字的字形、字义解说；

6. **器用**：火、宀（附"广""厂"）、门（附"户"）、行、车、舟、刀、戈、弓、矢、网、皿、糸、衣、示、册、金、食、豆、帚等基础汉字，以及相关汉字的字形、字义解说；

7. **器官**：首（附"页"）、面、目、自、耳、口、齿、心等基础汉字，以及相关汉字的字形、字义解说；

8. **手足**：有手、又、彐、爪、寸、廾、臼、爪、鬥、止等基础汉字，以及相关汉字的字形、字义解说；

9. **姿态**：人、大（附"天""夫"）、文、立、并、交、从、比、北、化、众、尸、广、卩、欠、夭、舞（附"無""无"）、子、艹、老等基础汉字，以及相关汉字的字形、字义解说。

二、栏目设置

1. 基础汉字的"**字形流变**"，采用表格的形式，详述其五体流变过程；个别字五体流变过程不是很完整，便没有采取表格的形式；

2. 为了更好地理解基础汉字的不同含义，我们设有"**义项组词**"栏目，根据含义组成词语；

3. 在详细解说相关字例之前，设有"**字例概述**"栏目，对相关的字例作一笼统解说；

4. 相关字例，有的形变程度较大、过程比较复杂，又很有趣味的，则设"**趣字解形**"栏目，用表格的形式，对五体流变过程详加说明；

5. 对于形变程度较小、过程简单的字，则只举其较早的字形，着重分析其义，设"**趣字析义**"栏目；

6. 有些本来与基础汉字关系密切，但后来由于形变的原因，字形差别很大，设"**似非而是**"栏目，对其详加说明；

7. 有些字的外形本来与基础汉字无关，但后来由于形变的原因，与其混同，设"**似是而非**"栏目，对其详加说明；

8. 对于相关的补充说明、有趣的知识等，本书还开设了"**节外生枝**"栏目加以补充；

9. 以上栏目，除"**字形流变**""**趣字析义**"之外，其他栏目并非每字必有，而是随宜而设。

三、关于字的解说

1. 五体流变的五体名称与字形主要来源，分别是：甲骨文，取自《甲骨文字典》；金文，取自《金文编》；小篆，取自《说文解字》；隶书，取自汉碑；楷书，取自唐楷；此外还采用《甲金篆隶大字典》中的部分字形。

2. 有些文字的解说已经成为大家普遍接受的定论，或者比较直观的，便省去出处；有些不是很直观，可以作为一家之言以供参考的，则注明出处。

3. 有些形声字，声旁的读音已经有了很大的变化，本书只注今读。

4. 有些文字前后互见，在一处出现的注解详细，另一处出现时，则只标注"见某页某字说解"。

5. 有一些新的研究成果，已经被大家普遍接受的，本书便加以采用；还未被普遍接受的，则仍沿用传统的说法。

术语说明

对于本书用到的术语，在此作一个集中说明，在书中会直接引用，不再赘述。

一、六书

六书是指六种汉字造字和用字的方法，分别是：象形、指事、会意、形声、假借、转注。

1. **象形**，就是描摹事物形状，是汉字最基础的造字方法，用这样的方法所造的汉字，就是"象形字"，如日、月、水、火、山、田等；

2. **指事**，就是或者只使用抽象符号，或者在独体字上添加指事符号，来表示新的意思，用这样的方法所造的汉字，就是"指事字"，如上、下、刃、本、末等；

3. **会意**，就是综合两个及两个以上的独体字来表示新的意思，也是汉字造字方法之一。用这样的方法所造的汉字，就是"会意字"，如昌、明、尖、休等；

4. **形声**，用形旁（又称义符）来标义，用声旁（又称声符）来标声，用这样的方法所造的汉字，就是"形声字"，这是汉字最主要的造字方法，汉字 80% 以上是形声字，如晴、歌、盒、圆等；

5. **假借**，本来没有这个字，借用了一个同音字来表示它的意思，这就是假借字；如万（萬），本来是蝎子的象形字，假借表示数字；莫，本来表示黄昏，假借表示否定；然，本来表示燃烧，假借表示某状态；

6. **转注**，说法歧异很多，平常的应用也不多，一般认为是同义的字相互注解，在此从略。

二、会意字和形声字的说解

1. 会意字的说解，参考《说文解字》的说法，用"从某从某会意"的方式来表述，如"武"，从止从戈会意；

2. 形声字的说解，也参考了《说文解字》，用"从某（形旁）某（声旁）声"的方式来表述，如"湖"，从水胡声；

3. 形声兼会意字，也表述为"从某从某会意，某（声旁）亦声"，如"功"，从工从力会意，工亦声。

三、简化字的原则

本书在介绍字形流变过程时，经常会提到简化字。汉字的简化是历史现象，绝大部分简体字是历史上产生的。汉字的简化大体采用了以下方法：

1. 草书楷化，如"東"，草书为东，楷化为"东"；

2. 简化甚至省略会意字的偏旁，如"離"，简化为"离"；

3. 改换形声字的复杂声旁为简单声旁，如"溝"，简化为"沟"；

4. 取原字的一部分，如"聲"，简化为"声"；

5. 取原字的主要结构和轮廓，如"馬"，简化为"马"；

6. 另造简体字，如"驚"，简化为"惊"；

7. 假借其他字，如"穀"，用"山谷"的"谷"假借；

8. 用更简单的古字代替，如"雲"，简体字采用更早的字形"云"；

9. 纯粹符号化的简化，如"鷄""觀""難""對"等的左边简化为"又"。

书中提到汉字的简化方法时，都直接表述，不再说明。

第一册目录

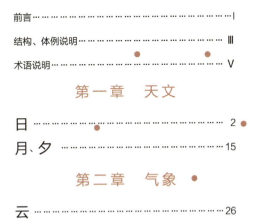

第一章

天文

太阳给大地带来了温暖和光明，是大地上光和热的来源，没有太阳就没有生命。我们先来认识"太阳"，文字就是"日"字。

字形流变

甲骨文 金文 小篆 隶书 楷书

甲骨文作 ⊙、⊖，是太阳的象形字，圆形表示太阳；中间一点，是为了表示与圆形〇的区别。在坚硬的甲骨上契刻起来，方形要比圆形方便（"方便"这个词就有"方"字）。所以 ⊙ 后来写成方形，即 ⊖。甲骨上刻"、"不够醒目，古人便把"、"写成"一"，使其更加突出醒目，所以中间的点变成了横。

义项组词

① 本义，太阳：天无二日、日上三竿。

② 白天：夜以继日。

③ 一昼夜：日行千里、多日、一日不见，如隔三秋。

④ 每天：吾日三省吾身。

⑤ 时间，特殊的时间：春日、节日、纪念日。

字例概述

从"日"的字，首先与"太阳"有关，如晴、昆、昇等；或与"光线"有关，如明、昏、昧、显(顯)、晃等；或与"温暖"有关，如暖、煦、暄、暑等；或与"时间"有关，如时(時)、早、晚、莫、昔等。

在曾、得、旧(舊)、冒、香、易、音、曰、旨等字中，并没有"日"，只是不同的偏旁形近而讹变成"日"了。

趣字解形

春

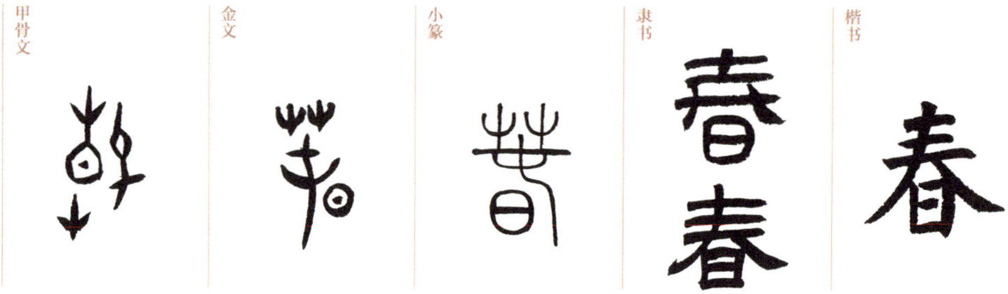

甲骨文有多体，其中与后来的“春”最有直接关系。从二ψ（屮，音chè，“草”的象形字）从（屯）从⊙（日）会意，表示春日草木萌生。“屯”既是声旁，又是表示“草木萌生”的义符。

金文把各个偏旁作了更为均衡、美观的排布，这就是，小篆作。马王堆帛书作，两“屮”合成“艹”；“屯”中间的“凵”简写成“一”，中间的“乚”简写成“丨”，变成了“土”形。后来“艹”写成了“大”形，与“莫”下的“大”形同理，“大”中间的笔画与上面“土”字的竖笔相连，就是隶书的春。

旦

东汉许慎《说文解字》认为，“一”象地，表示太阳从地平线上升起，所以是“早晨”的意思。虽然徐中舒《甲骨文字典》认为甲骨文为“旦”，象朝阳初起时，太阳与其水中的倒影之形，金文日影填实作，小篆时，肥笔写成了横，才作。但以“旦”字的今形来看，许慎的说法更生动，也没有违背“旦”字的本义。

“暨”是从旦既声的形声字，也是表示朝阳初起，用作连词，表示及、和，应当是假借用法。

晋（晉）

甲骨文作，象箭形，金文与之相同，小篆作，从两个（表示到达的）"至"从"日"会意。《说文解字》认为，表示"日出而万物进"，所以表示上进。后来上面两只箭的箭尾部分连成一横，下面两只箭头也连成一横，这就是隶书的晉，简体作"晋"。

莫

甲骨文作，从四个屮从日会意，日从茻（mǎng，草莽）中落下，表示日落时分，是"暮"的本字。下部的"艸"，两"凵"一笔横写，两"丨"连接写成"人"形，遂讹变而与"大"同形，即隶书莫。

"莫"很早就被假借为否定副词，于是本义另加"日"表示，这就是"暮"。"暮"字当中，其实有两个"日"。

昔

甲骨文作 昝，叶玉森以为，上部表示洪水。往古发洪水的时期，被古人牢记不忘，时常言及，于是以"洪水之日"会意，表示"往昔"。

阳（陽）

本字为"昜"，甲骨文作 昌，李孝定认为，丁象枝柯形，"日"上于"枝柯"，会意为旭日初升，犹言"日上三竿"。金文有 昜、昜、昜等体，二画三画无别，都是初日的光芒。"彡（shān）"在这里表示光线。

"陽"为后起形声字，初见于金文，有 陽、陽等形，卜、阝皆象阶梯之形，演变为"阜"字，简写为左"阝"。"陽"的本意，是山南水北，都是高起的地势，都朝向太阳。"陽"字后来兼并了"昜"字的意义，"昜"字遂隐。简体作阳。

显（顯）

金文作 顯，从日从丝从頁会意，丝本来很细微，人在日下视丝，所见会更加明晰。"顯"的古文作 㬎，简化字作"显"。

旬

甲骨文作🜊，在表示回环往复的🜊上加指事符号，古代以十日为一旬，每旬是一个周期。我们现在把每七天称为"一周"，也是同样的道理。金文加了表示时间的字符"日"，遂发展成为今形。

---┤ 趣字析义 ├---

暴

暴，小篆作🀰，由日、出、廾、米会意，表示日出捧米来晾晒，是"曝"的本字。其中的"出"和"廾"相联，并作了整齐化、符号化处理，而成"🜊"形，"米"讹成了"水"。隶书作暴。

"强暴"之"暴"，小篆作🀰，由日、出、廾、夲（tāo）会意。《尔雅·释天》说：日出而风为"🀰"，本义是迅疾，引申为急躁、凶残等，这个含义应当是从"夲"得到的，"夲"从大（人的象形）从十会意，段玉裁《说文解字注》认为"夲"表示行进之迅疾，"如兼十人之能"。如果理解成从"大"从"止"会意，"十"是"止"的讹变，正如"奔"字的"十"一样，那么解释成"迅疾"就更为直观了。

昌

昌，小篆作🜊，从日从曰会意，《说文解字》段注以为，表示言论像太阳一般正大，不会变更。是"倡导"的"倡"的本字。

昏

昏，甲骨文作🜊，小篆作🜊，从日从氐（dī）省会意。"氐"是"低"的本字，日头低下去，当然光线就暗淡了。"氐"下之"丶"本作"一"，这一笔与"日"的最上的一笔横折重叠，遂变成今形。"昏"还有一体作"昬"，就是从日民声的形声字了。

景，小篆作，从日京声，本义为日光。王维《鹿柴》诗中"返景入深林，复照青苔上"，"返景"就是指回照的阳光，即夕阳。阳光普照，物象才鲜明起来，成为我们眼中的"景物"。

阳光之下，物象有形也有影，所以"景"在古代又用作"影"，贾谊《过秦论》"赢粮而景从"，"景"就释作"像影子一样"。"影"右边的"彡（shān）"，表示影子影影绰绰的样子。

昆，金文作，从日从比会意，详见第五册比部"昆"字说解。

明，甲骨文作，从日从月会意，表示明亮，是个典型的会意字。

时（時），小篆作，从日寺声，简体字作"时"。

是，金文作，从日从正会意，表示正直不偏，引申为正确、肯定。

普，小篆作，是从日并（並）声的形声字，本义表示太阳黯淡无光，后来表示广大、普遍，大约是从"日光普照大地"而来的。

晓（曉），小篆作。从日从尧（堯）会意，尧（堯）也兼作声旁。右边的"**堯**"是从垚从兀会意，"**垚**"是声旁兼形旁，三堆土垒起，相当之高了。"**兀**"，段玉裁认为是"高而上平"的意思，所以"堯"字会意为高。日头高起，已经是大早晨的时间了。

旱，小篆作，《说文解字》释为"日在甲上"，段玉裁注以为"甲"是人头；或说"甲"表示开裂，会意为日光破晓。

昼（晝），小篆作，从畫（画）省从日会意。以日出为标志，白昼和黑夜像由一只手握着笔画开了界限。写成"昼"，是草书楷化的结果。

—— 似是而非 ——

星

甲骨文	金文	小篆	隶书	楷书

甲骨文作 🔆，象众星罗列之形，后来成为"晶"字；一体作 ✹，o ◌ 象星形，⟟（生）为声符，金文作 ✹，从晶生声，小篆同之，或省作 ⟟，遂成今形。

易

甲骨文	金文	小篆	隶书	楷书

甲骨文繁体为 ⚞ 或 ⚟，用两酒器相互倾注承受来表示"赐予""交换"。甲骨文简体作 ⚟、⚟ 等形，是截取了杯子的把手、器壁、倾注的水滴的样子。金文作 ⚟ 或 ⚟，偶有在把手部分加点者，作 ⚟，后发展为今形。

"锡"和"赐"两字从"易"。**锡**，以金（铜）相赐；**赐**，以贝相赐。所以"锡"和"赐"古文当中经常通用。

曾

甲骨文	金文	小篆	隶书	楷书

甲骨文作𤮃，"田"形象算子，丿丿是从算孔中跑出来的蒸汽，所以"曾"是"甑"的初文。金文作𤮃或𤮃，增加的也许是锅形，中间有点或是表示其中有水。后来假借为副词，作"曾经"、"竟然"义，于是另造"甑"字表示本来的意思。小篆作𤮃，下面讹作了"曰"，楷书作曾。

会（會），金文有多体，如𤮃、𤮃等，从스（jí）从曾会意，"스"表示锅盖。锅盖、蒸算、锅体，要三者合在一起才可以使用，所以表示"会合"。

旨

甲骨文	金文	小篆	隶书	楷书

甲骨文作𤮃，从口（口）、𤮃（匕）声，"匕"是汤匙的象形。以匙入口，表示味道好，所以是会意兼形声字。金文作𤮃、𤮃，后者变"口"为"甘"，义同。

得，甲骨文作𤮃，从亻（又）持𤮃（贝）会意，表示有所得。金文作𤮃，小篆作𤮃，隶书作𤮃，"贝（貝）"讹成了"旦"形，楷书作得。详见第四册寸部"得"字说解。

甘，甲骨文作𤮃，从"一"在口中，象口中含物之形，表示食物美味，要在口中细细品味，所以"甜"字从舌从甘。

① **香**，小篆作𤮃，从黍从甘会意，本义是食物的香气。

② **黍**，是一种谷物的象形，下面的"水"并非"水"，而是禾本科的稻子、谷子、高粱等果实累累的穗子的象形。本意是食物的香气，我们蒸米饭、做米粥，闻到的气味就是"香"。后来"香"从禾不从黍，但二者同类，黍是禾的一种。

旧，甲骨文作𤮃，本是从𤮃（萑，huán）𤮃（臼）声的形声字，假借为"新旧（舊）"的"旧（舊）"；金文作𤮃，隶书作舊，楷书有人写作舊，后来省去上部，只留了下部，就是"旧"。详见第二册鸟部"旧（舊）"字说解。

 冒，小篆作 ，从冃（mào）从目会意，表示帽子盖上了眼睛，是"帽"的本字。
冃，又是"冒"的本字。其中"冂"象帽形，"二"是帽子上的装饰。冃—冒—帽，是同一个字象形—会意—形声的演变过程。
冒、冕、冑都与帽子有关，所从的都是"冃"，而不是"日"，也不是"曰"，严格来讲，"冃"字形与"日""曰"都不相同，它的两笔横划与边框是不相连的。

 曰，甲骨文作 ，口不全闭，表示说话，隶书作 或 ，与"日"形似，所以"日"作长方形，"曰"作扁方形，以作区别。

 音，金文作 ，小篆作 ，《说文解字》认为"从言含一"，表声音。

─── 节外生枝 ───

"秦头"未必有关"秦"

南宋时候，奸臣秦桧势大，朝臣侧目。有一次宋高宗跟大臣谢石玩测字，随手写了个"春"字，谢石借题发挥说："'春'字之'日'是皇帝的象征，但是被上面的'秦头'压制太甚，黯淡无光了。"高宗默然。

故事只是故事，"春"字上面，果然是"秦头"吗？
在汉字当中，有许多外形一致而表示的意思完全不同，或者虽然外形一致但来源完全不同的字符，可谓是"殊途同归"。

春

甲骨文	金文	小篆	隶书	楷书

甲骨文作 ，从 （廾，拱的本字）从 （午）从 （臼）会意，表示两手持杵，在臼中春捣。金文作 ，"臼"中增加的笔画，表示臼的内壁很厚。小篆作 ，"干"仍是杵的象形。隶书的 写作了"大"，并与干连在一起，遂成了春。

秦

甲骨文	金文	小篆	隶书	楷书

甲骨文作 ，也从 （廾）从 （午，杵的象形字）从 （秝，音 lì）会意，表示双手持杵舂禾。"秦"作地名，在甘肃，是秦国的发源地。这个地方适宜种禾，人民舂禾作食，故名"秦"。后来秦国强大起来，领有整个陕西，故陕西的简称也是"秦"。小篆作 ，省去了一个"禾"，意思不变。隶变与"春"的过程相似，作 秦 。

 泰，小篆作 ，从 从水大（tài）声，以手捧水，水从手中迅速溜走，所以《说文解字》解释为"滑也"，又引申为余裕、安适。
"大"与"太"本是一字，后来有了分化，以"太"来分担"tài"的读音。后来"泰"字当中的"大"笔画平直化，讹成了"土"形，这与"赤"字上面的"大"变成"土"形是同样的道理；"廾"讹成了"大"形，这便是隶书的 泰 ，楷书作 泰 。

 奉，金文作 ，从廾丰声。下面的"廾"讹为"大"，并与上面的"丰"相连，成为"夫"形，下面又加了"扌（手）"作为义符。本义是以手捧物，是"捧"的本字。小篆作 ，隶书作 奉 。

 奏，小篆作 ，从屮、廾、夲（tāo）会意。"屮（chè）"是草的象形字，以草的生长来代表"上进"；"廾"即"拱"；"夲"是迅疾的意思。隶书作 奏 ，上面的"夫"应是由"屮"与"廾"相连而且增笔而成的，而由"夲"到"天"的形变过程迄无定论，可能是"夲"字"大"与"十"的位置互换并稍有变化形成的，这大约是为了求得字形上的稳固之感。

光影飘忽的"彡"

彡（shān），除了在杉、衫、钐等字中仅作声旁之外，还有表示光线、色彩、声音、纹饰、毛发等的表义作用。

光线

易，甲骨文作，详见本册日部"易"字说解。

影，从彡景声，光线被不透明的物体遮挡之后的投影。

花纹、色彩、雕饰

彩，从彡采声，一体作彨，表示与图画、纹饰有关。

彫（diāo），小篆作彫，从彡周声，是雕刻的"雕"的本字。

彣（wén），小篆作彣，从彡文声，表示花纹、色彩或文采。
彦：从彣厂（hǎn）声，后作"彦"，表示才俊之士。

彤，金文作彤，从丹从彡会意，本义指红色装饰。

修，小篆作修，从彡攸声，"修饰"之"修"，并非表示肉干的"脩"。

形，小篆作形，从彡开（jiān）声。因为音变的关系，"开"的读音古今差别很大。"开"并不是"开"。

彰，小篆作彰，从彡从章会意，章亦声旁。给物体加上修饰，以更显著。

声音

彭，甲骨文作，从彡从壴（zhù）会意，"壴"象鼓形，"彡"象鼓声。

勿，小篆作，是"弓"的象形，"彡"是弓弦震动之声，作"不要"义是假借用法。

长的毛

髟（biāo），小篆作，从长（長）从彡会意，是头发下垂的样子。它参与组成了许多与毛发有关的字，如髡、髦、髯、髫、髻、髭、髹、鬓、鬟、鬈、鬣、髮、髯、鬃、鬆。都是从"髟"的形声字。其中，"头发（髮）"之"髮"，并非"发（發）动"之"發"；"放松（鬆）"之"鬆"，并非"松树"之"松"。

尨（máng），甲骨文作，从犬从彡会意，指长毛狗。

须（須），金文作，从彡从页会意，表示"胡须"。"页"是头部的象形字。

活动

你可以跟朋友比一比，各自在坚硬的质地上刻画一个正圆形和一个正方形，看着谁先完成？从中我们可以知道，汉字渐渐由圆变方，是古人追求书写方便的结果。

白天为世界带来光明的是太阳，夜晚则是月亮。它的圆缺变化，皎洁、澄澈，滋养了我们的文化，也为我们的文学提供了许多素材，产生了众多的经典诗词。月亮是夜晚的标志，这就是"夕"字的来源。

--- 字形流变 ---

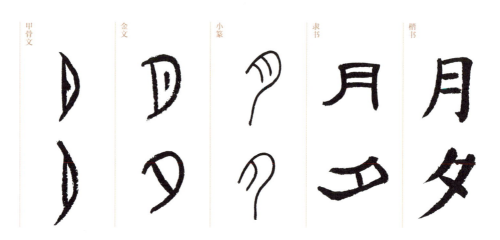

| 甲骨文 | 金文 | 小篆 | 隶书 | 楷书 |

月，甲骨文作 〗、〗，象月之形。月亮只在农历十五这一天最圆，缺损是它的常态，所以甲骨文以缺月来代表它；或在其中加点作 〗，用意可能是为了与"日"中加点的造字方法相统一。

夕，甲骨文与"月"同形，后来 〗表示"月"，〗表示"夕"，各自发展，成为今形。

--- 义项组词 ---

月

① 本义，月亮：日月同辉、月光如水。

② 形状像月亮的：月饼、月琴。

③ 计时单位：月圆缺一次的周期，约三十天：月份、三月、岁月。

④ 每月一次的：月薪、月刊、月季花。

夕

① 本义，黄昏、傍晚：夕阳、日之夕矣。

② 晚上：除夕、前夕、朝夕相处、通夕不寐。

字例概述

　　"月"作偏旁，或作声旁，如钥；或与月亮有关，如霸、明、朔、望等；或与时间有关，如期、朝，等等。月亮出现在晚上，所以从"夕"的字，多与"夜晚"有关。

　　在脏、腑、胃、肠、肝、脾、腰、腿、臂、脚等字中，"月"是"肉"的讹变之形，称为"肉月"。

从"月"

趣字解形

望

　　甲骨文作𝌍，象人举目远望之形；或作𝌍，下面的𝌍即"土"，表示人立在土上远望。金文作𝌍。在此之外，还有作𝌍者，表示每月的月圆之夜，一体又作𝌍，以"亡"字作为声旁，代替了作为眼睛的"臣"字。《说文解字》认为，"望"是远看之"望"，而"朢"是月圆之"朢"。后世混用，合并为"望"字。

朝

　　甲骨文作𝌍，从日月在草木中会意，表示初日已升残月未落的早晨。金文从倝 从月，月应当是"水"形，则朝当为"潮"的本字。小篆《说文解字》以为"从倝舟声"，隶书时恢复到甲骨文的字形。该字演变过程复杂，可以直接从甲骨文识读，忽略其演变过程。

霸

霸，金文作霸，从月霏（bà）声，本义是阴历每月月初刚开始显现的月光，这个意思后来写作"魄"。后来"霸"字假借为"霸主"之"霸"，替代了原来表示这个意思的"伯"字。

期

期，金文作𣄼或𣄼，从日或从月，其声。日或月都是表示时间，因为观测日月运行以得到时间，这是古往今来获得历法的办法。"期"表示时间，引申为约定、期望。又音 jī，表示一周月、一周年。

朔

朔，小篆作𣎓，从月屰声，农历每月初一。屰音 nì，朔音 shuò，现在读音已经发生了很大的变异，但古代音近。

朦胧

朦，从月蒙声；胧，从月龙声。"朦胧"表示月色不明。

朋

朋，甲骨文作珏、玨，是两串贝壳的象形。殷周人以贝为珍稀之物，故用为装饰、货币和祭祀。五贝一串，两串一朋。《诗经·小雅》里有一句："既见君子，锡我百朋。"金文作玨，隶书作多，始讹为两个"月"并排形。两串贝为一"朋"，所以"朋"有友好的意思，引申为朋友之"朋"。

前

前，其中的"月"字，其实是"舟"形的讹变。详见第三册舟部"前"字说解。

青

青，金文作𤯢，从丹生声。
丹，甲骨文作𠁁，《说文解字》认为，𠁁是丹砂矿井，中间的一点像矿石形。后来𠁁讹作"月"形，详见第二册禾部"青"字说解。

赢

赢，金文作𧣫，从女𧝓声，本指一个古老的姓氏。𧝓即𧝓，是某种蜂类昆虫的象形字，用作声旁，"赢"字以之作声旁，后来昆虫的翅膀部分演化为"月"形。"赢弱"的"赢（léi）"别有来源，不详述。

俞，其中的"月"，也是"舟"形的讹变。详见第三册舟部"俞"字说解。

胄，金文作 ，字的上部象兜鍪之形，下部作 ，即"冒"字，帽子遮住了眼睛，是"帽"的本字。小篆作 ，从冃（mào）由声，"冃"是帽子的象形字，后来讹变成"月"形。

从"夕"

—— 趣字解形 ——

梦（夢）

甲骨文	金文	小篆	隶书	楷书

甲骨文作 ，李孝定认为象人躺在床上之形，夸张的有睫毛的眼睛，表示"梦中有所见"。后来，眼上的睫毛变成了"艹"，眼睛横写作"罒"，身体的形状讹作"冖"，小篆还增加了表示晚上的"夕"，因为只有晚上才会睡觉、做梦。简体字梦，是"夢"的草书楷化的结果。"梦"字还有一体作 ，不过是将这做梦之人安置在了屋下床上，没有影响字义。

名

甲骨文	金文	小篆	隶书	楷书

甲骨文作 ，从夕从口会意。"夕"是晚上，不能看清是谁，要报出自己的名字加以确认。去到别人家里，敲门时别人问是谁，也不能只说"我"，而是要报上姓名。

夙

甲骨文作 🐚，从夕从丮（jǐ）会意，"夕"是晚上，"丮"是用双手持物，夜间就起来操持劳作，表示很早。夙愿、夙兴夜寐等词，用的就是这个意思。隶书作 夙，"丮"讹变为"凡"，"夕"挪到了里面。

夜

金文作 🐚，从夕亦声。金文或体作 🐚，"夕"替换了"亦"字的右边一点。隶书作 夜，后来左边的长撇写成了竖，捺与"夕"写在了一起，就是楷书 夜。

亦，甲骨文作 🐚，"大"象人形，两点是指事符号，指在人的腋下，所以"亦"的本义是人的两腋，后来"亦"被借用作副词，于是另造从月（肉）夜声的"腋"字来代替。"夜"字从"亦"得声，从表示晚上的"夕"得义，所以是形声字。

趣字析义

飧（sūn），小篆作 🐚，从夕从食会意，表示晚饭。古人吃两餐，早饭叫做饔（yōng），晚饭叫做飧，有了上顿没下顿，这叫做"饔飧不继"。

外，金文作 🐚，从夕卜会意。占卜要在早上举行，要是晚上占卜，占卜所得的结果，就在此事之"外"了。

—— 似是而非 ——

多

| 甲骨文 | 金文 | 小篆 | 隶书 | 楷书 |

甲骨文作 **吕**，象肉块层累形。金文作 **多**，肉块形已与金文"夕"形近。

将（將），小篆作 **將**，以"寸（手形）"持"月（肉）"，"爿（qiāng）"声。像"多"一样，其中的"夕"是"肉"的省形。

舛（chuǎn），"夕"实际上是"止（甲骨文作 **ᙏ**）"的倒置之形讹变来的。详见第四册止部"舛"字说解。

岁（歲），甲骨文作 **ᙏ**，从步戌声。金文作 **ᙏ**，小篆作 **ᙏ**，隶书作 **歲**，上面的"止"讹成了"山"形，下面的"止"作"夕"形，理同"舛"字，声旁"戌"被省去了。

罗（羅），小篆作 **ᙏ**，从网从维会意，后"网"简化为"罒"形。写成"罗"是草书 **ᙏ** 楷化并省去"隹"的结果。

—— 节外生枝 ——

肉

| 甲骨文 | 金文 | 小篆 | 隶书 | 楷书 |

甲骨文作 🌙，是肉块的象形，金文作 ⺼，画出了肉的纹理，小篆似之，隶书当中肉的纹理更加复杂，遂成今形。

义 项 组 词

① 本义，可供食用的肉：肥肉、肉鸡、酒池肉林、晚食以当肉。

② 不酥脆，像肉一样，引申为性子缓，做事不干脆。

③ 人的身体的：肉身、肉眼凡胎、骨肉至亲、行尸走肉。

④ 蔬果去除皮核的可食用部分：果肉。

字 例 概 述

从"肉"的字，如商（脔）、腐、瘤等，都与肉有关；

在作偏旁使用时，写作"月"，如在表示身体部位、器官的脸、胸、肝、肠等字中，通常称作"肉月"，以与"明月"的"月"相区别。在西汉时代，西域有个国家叫"大月（ròu）氏（zhī）"，也不能读作"yuè"。

趣 字 析 义

骨

骨，小篆作 🦴，从月从冎（guǎ）会意。骷、髅（髏）、髓、骼、體等字从之。

① 冎（guǎ），甲骨文作 ，象修治之后已经用于占卜的牛肩胛骨之形。

② 歹（è），小篆作 𣦵，从半冎，表示残骨。在楷书中用作偏旁，多省为"歹"形，残（殘）、死、歼（殲）、殄、殁、殃、（殤）、殉、殒（殞）、殖等与死亡有关的字从之。

③ 用，甲骨文作 ⛎，从卜从卜会意，卜是用来占卜的骨版，有"卜兆"的骨版，可以用来指导行为，故会意为"用"。金文作 用，小篆作 用，隶书作 **用**，"卜"字笔画与骨版相连了。

肖

肖，金文作 ⺼，从夕（肉）小声，表示"骨肉相似"，现在仍表示"相似"。

脩

脩，小篆作 脩，从月攸声，本义是干肉。修，从彡攸声，有装饰、长两个意思。"脩"常假借为"修"，简化字两字合并为"修"。在后来的传写当中，"修"

字的声旁"攸","攵"误写成了"夂",故"修"本当有十画,现在却写作九画,这是我们应当注意的。

有 有,金文作 ,以手持肉(月)会意,表示拥有、富有。

育 育,小篆作 ,从 (tū)从肉(月)会意,表示养育。 是倒转的"子",表示头向下被生出的婴儿,"肉"表示与身体有关。

——┤ 似非而是 ├——

炙 炙,小篆作 ,从月(肉)从火会意,本义是烤肉。"**灸**"是从火久声的形声字,与"炙"形似。

然 然,小篆作 ,从火肰(rán)声,是燃烧的"燃"的本字。其中"**肰**",从月(肉)从犬会意,是古代用作祭祀的狗肉。

祭 祭,见第三册示部"祭"字说解。

有一副字谜对联:

此木为柴山山出,因火有烟夕夕多。

这是一副精巧的拆字联,但其中有几处错误,你能找到吗?

"此木"为"柴"是对的,但"出"并不是"山山"组成的,"出"甲骨文作 ,表示一脚朝前,从门口走出来,是个会意字;"因火"是"烟",而"多"也不是"夕夕"组成的。

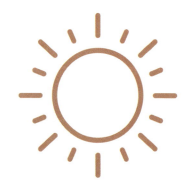

第二章

气象

蓝天、白云，是大自然最美的图画之一。云随风卷舒、飘游，给了我们"自由"的意象；它又变幻莫测，如同我们的人生。

字形流变

甲骨文	金文	小篆	隶书	楷书

甲骨文作 云 ，其中"二"并不是数字"二"，而是一短横在一长横之上，表示在"上"，"云"是飘浮在上的，ㄥ象云气回旋之形。

后来"云"被假借为"说话"的意思，比如"子曰诗云"。表示天气现象的"云"就加了一个雨字头，成了形声字"雲"。

——┤ 义项组词 ├——

① 本义：云彩、云霞、云雾缭绕、白云、乌云、翻云覆雨。

② 像云的：云鬓、云衫、喷云吐雾（形容吸烟的不雅状态）。

③ 一种情绪或氛围像云一样聚积不散：疑云。

④ 动词，说，这个意思不能写作"雲"：人云亦云、子曰诗云。

⑤ 助词，无义：日云暮矣。

——┤ 节外生枝 ├——

上、下

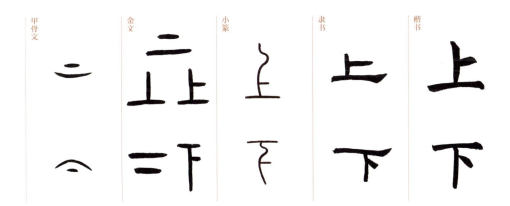

甲骨文中，"上"作 二 ，"下"作 ⌒ 。以一弧形为参照，"上"则标示于其上，"下"则标示于其下。后来弧形变成了横画，以图简便。金文"上"作 二 或 上 ，后一体大约是加竖画以与数字"二"相区别。"下"同理作 二 或 丅 。两字遂成为今形。

《千字文》说"云腾致雨"。云是水气聚集的结果，云里的水气继续聚集，凝成更大的水滴，空气托不住了，就落了下来，这就是雨——大自然最美的气象之一。

字形流变

甲骨文作 ，象雨点从天而降之形，"一"表示天， 表示雨点。后来上部的三个雨点与"一"相连，成为 ，又加了一横表示天空，又加了四点雨点，变为 ，遂成今形。

---- 义项组词 ----

① 本义：暴雨、细雨、滂沱大雨、风调雨顺、春风化雨。

② 作动词使用，指雨、雪降下来：雨花。

③ 像雨的：枪林弹雨。

---- 字例概述 ----

"雨"作偏旁，一般稍加变形作"⻗"，俗称"雨字头"。雨是典型而常见的天气现象，所以"雨字头"也成为表示天气的义符。如霜、雪、雾（霧）、霾、雷、电（電）、霆、霭（靄）、霁（霽）、霹、雳（靂）、霖、零、霆、霰、震，等等；或者与阴雨有关，如霉、宵。

---- 趣字解形 ----

电（電）、申

"电"与"申"同源，甲骨文作 ⚡、⚡，象闪电之形，我们今天还在使用"⚡"作防电标志，甲骨文不过是在这个标志上加了闪电的分枝。金文 ⚡ 为"申"字，另有加了雨字头的 ⚡ 来表示"电"。"申""电"遂分。

申，籀文（东周时行于秦国的文字，又称大篆）作 ⚡，电光的枝叉已经符号化和整齐化。小篆进一步整齐化作 ⚡，遂成今形。

"申"是"神"的本字。电闪雷鸣，先民不能知道它的原理，以为是神力造成。巧的是，在希腊神话中，众神之王宙斯的原身就是雷电，雷电也是他的武器。"申"字的这个意思，被加了"礻"的"神"字所分担。

雷

甲骨文作，从电从￼会意，￼象雷霆声。金文作，从雨从电从四个"田"，可以理解为，雷声像车轮滚过的声音。小篆作￼，隶书作￼，下面的"田"与"田地"无关。

雪

甲骨文作，从雨彗（彗）声，今天我们已经读不出"彗"与"雪"的读音关系，但彗（彗）除了标声，还应当有会意作用，因为彗是扫帚的象形字，后来加手的变体"又"，小篆作￼，"彐"是由"又"变来的。下雪之后要用扫帚扫，"雪"与"扫帚"有必然的、特定的关系，所以以"雨"加"彗"来会意"雪"。隶书省写"彗"为"彐"。

———— 趣字析义 ————

零，小篆作￼，从雨令声，本来是下雨的意思，后假借为数字0。
霝（líng），古同"零"。靈，从巫霝声，本义是指古代负责人神沟通的神职人员，引申为神灵、魂灵、精神的、敏捷精巧的。简化字用同音的"灵"来表示。

空气的流动形成了风。我们处在地球的北温带，四季分明，四季的风也明显不同。东风和煦，南风湿热，西风清爽，北风凛冽。风到底是什么样子，文字又该如何表示呢？

字形流变

"风"是无形无迹的，画"风"之形难，写"风"之字更难，所以甲骨文假借"鳳"为"风（風）"作 等。详见第二册凤部本字说解。

义项组词

① 本义：春风、北风、狂风、风吹日晒。

② 像风一样的：雷厉风行、风靡、风声（消息）。

③ 风俗、风气：民风淳朴、采风。

④ 姿态、容貌、行为的韵致和品格：风度、风范、高风亮节。

⑤ 艺术作品的风格：风骨、风致。

⑥ 男女情爱：风月、风马牛不相及。

第三章 地理

水是生命之源，对一切生物来说都不可或缺少，

所以早期的人类，为了取水的方便，都是临河

而居，形成人类的早期文明。如尼罗河流域、

两河流域、印度河流域、黄河流域等。

字形流变

| 甲骨文 | 金文 | 小篆 | 隶书 | 楷书 |

甲骨文作 ⅏，中间的 ∫ 表示河流，边上的点象水滴之形。或体作 巛，象水在两岸之间流淌之形。

义项组词

① 本义，无色无嗅的常见透明液体：水波、流水、露水、高山流水、水落石出。

② 河流：河水（黄河）、江水（长江）、汉水（汉江）。

③ 江河湖海的通称：水利、水资源。

④ 液体的泛称：墨水、汤水、汗水。

字例概述

以"水"为偏旁的字，都与水、河流、液体有关。作为偏旁或者仍存"水"形，如冰、泵、汞、盥、浆、尿、泉、沓、颖（潁），等等；有时省写为"氵"，俗称"三点水"，如池、沉、浮、汗、河、江、浅（淺）、深、洒、洗、溢、沼、汁、洲，等等，多是形声字。

—— 趣字解形 ——

冰

金文作 仌 ，象冰的纹理之形，是"冰"的本字，后变为形声字"冰"。

用作偏旁写作"冫"，因为与"氵"形似，所以俗称"两点水"。从"冫"的字，多与"冰"有关，如**冰、凋、冬、冻、寒、凉、冷、冶**等，有些"冫"是"氵"的省变，如**净**（淨）、**盗**（盜）、**羡**（羨）等。但"次"从"二"不从"冫"，见第五册欠部"次"字说解。

泉

甲骨文作 𡵰 ，象山泉从穴中流出之形。小篆作 𡷗 ，隶书作 泉 ，上面的"白"与"黑白"无关，只是在演进进程中偶然同形。

原，金文作 厡 ，从厂从泉会意，"厂"表示山崖，"泉"表示泉水。本义是水源，后来引申为原由、本来的，原义加"氵"作**源**。

盥，甲骨文作 𥁋 ，表示在盆里洗手，见第三册皿部"盥"字说解。

困、渊（淵）

| 甲骨文 | 金文 | 小篆 | 隶书 | 楷书 |

甲骨文作 ![]，"囗"中有"川"，象四围当中有水流动之形，后写作"困"，音义与"渊"同。金文作 ![]，左边加"水"，右边象河岸之间的流水之形，中间的"H"形，象水流过低洼处之形，表示深渊。

—— 似是而非 ——

川

| 甲骨文 | 金文 | 小篆 | 隶书 | 楷书 |

甲骨文与"水"同，字形作 ![]，象两岸之间水流之形。所以"川"也有水意，如"名山大川"，作平原讲为后起意。

州

| 甲骨文 | 金文 | 小篆 | 隶书 | 楷书 |

甲骨文作 ![]，象水中高地之形。《说文解字》认为，大禹治水时，民众居于大水当中的小块陆地上。治水之后，大禹分天下为九州，故后来"九州"成为全国的代称，"州"还一度成为一级行政

区划单位，比如"幽州"，今天我们把美国的行政区划"state"也译作"州"。从字形上来说，州字很形象地说明它"水中高地"的本意，金文亦作此形，但小篆讹作州，隶书加以沿袭，作州，楷书作州。

后来，"州"字被专门用作行政区划名称，"水中高地"的意思，由"州"加"氵"旁来分担，这就是"洲"字。其含义更扩大到被海洋包围的大块陆地，如"亚洲""欧洲"等。周围是沙漠的绿地，也被形象地称为"绿洲"。

回

| 甲骨文 | 金文 | 小篆 | 隶书 | 楷书 |

金文作 回，是漩涡的象形字，象流水回旋之形。水面上有"漩涡"，水底一定有深坑，所以古人说"回水曰渊"。所以孔子最喜欢的学生颜回，字子渊。表示"来回"的"回"繁体作"迴"，简体与"回"合并。

没（沒），小篆作没，从水从回从又会意。"回"是漩涡的象形，漩涡之下必有深渊，"沒"的右侧并非表示以手持器的"殳"字。其中形似"刀"的部分，是"回"的简写形式，"又"是手的象形。从深渊中伸手取物，表示"沉没"。"沉没（mò）"之后，就"没（méi）有"了。

录（錄）

| 甲骨文 | 金文 | 小篆 | 隶书 | 楷书 |

甲骨文作录，或说是取水的工具"辘轳"的象形字，下面表示挂着水桶的绳索，两边还有溅出来的水点。

益、溢

"益"字上面的""如果不好识别，把它竖起来，就成了"水"，也就是"水"字。甲骨文作，象水满从皿中溢出形，是"溢"的本字。金文作，象皿中水满，水已溢出之形。小篆作，水横于皿上，正如词语"横溢"所描述的一样。

以一皿为参照，满一皿为"够本"，溢出则为"盈余"，所以"益"又引申为盈余、利益，用作副词，有"更加"的意思。其本义另造新字，加"氵"作"**溢**"，其实其中有两个"水"。小篆作，隶书作，楷书作 。

———— 似 是 而 非 ————

永

甲骨文作，从彳从人有水点，会意为人在水中行进，是"泳"的本字，后来被假借表示"长久"，另造形声字"**泳**"表示"游泳"的本义。虽然"永"与"水"有关，但其中的"水"形，实际上是由人的身体笔画、"彳"左下角的笔画，以及两个水点的笔画组成的。

地球上有成千上万的山峰，或者长满树木花草，成为
动物的乐园；或者布满古代建筑，成为风景名胜；或
者蕴藏矿产，成为人类的宝藏。

字形流变

| 甲骨文 | 金文 | 小篆 | 隶书 | 楷书 |

甲骨文作 ᗰ 、 ᗄ ，以三座山峰代表有着许多山峰的山峦。后来复笔用单线表示，遂作"山"。

义项组词

① 本义：山峰、山峦、高山、还我河山、名山大川。

② 像山的：冰山、土山、人山人海。

③ 山上的物产：山货、山肴野蔌。

④ 引申为粗野、鄙薄的东西，用作谦称：山人、山妻。

字例概述

　　"山"作偏旁，或用作声旁，如灿、汕（訕）、仙（僊）等；或者表示与山有关，如岸、崇、崔、岱、峰、岗（崗）、峻、岚（嵐）、峦（巒）、巍、崎、峭、岖（嶇）、崖、岩、峪、岳（嶽）等。

趣字析义

峰（峯），从山夆声，表示山体高而尖锐的部分。**锋**（鋒）、**蜂**（蠭）等字，也都有"尖锐"的意思。

岩（巖），小篆作 巖，从山从石会意，表示岩石。"岩"从山石会意。

 峪，小篆作 峪，从山从谷会意，谷（yù）亦声。表示山谷。

岳（嶽），小篆作 嶽，是形声字。"岳"从山从丘会意。"岳"与"嶽"的关系，与"岩"和"巖"、"泪"和"淚"相同，都是同字的会意与形声两种并列的形式。

───┤ 似非而是 ├───

丘

甲骨文作 ⋀⋀，象并立的两个小土丘形，土丘的轮廓线渐次变化，金文作 ⋀，小篆作 ⍨，隶书作 ⊥ 或 丘，遂成今形。

虚，本作虛，从丘虍声，本义是大丘，"虚"字下面的"业"，是从 ⍨ 变化来的。

山是由石头垒成的，石头是大自然中坚硬而容易得到的东西，所以原始人把它加工成刀、箭头，用来打猎和切割食物。

---| 字形流变 |---

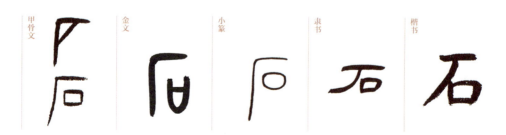

甲骨文作 厂，就像从石头上敲下的石片的样子。敲下的石片又尖又锋利，可以用作砍削工具。或体作 石，增加了"口"形的石块，表示石片是从石块上敲下来的，后来发展为今形。

---| 义项组词 |---

① 本义：石头、磐石。

② 石制品：金石之声（石制乐器，如磬等）、刻石、药石（石制砭针）。

---| 字例概述 |---

> 以"石"作偏旁，或作声旁，如妬、柘、跖等；或者表义，如碍（礙）、磅、碑、泵、碧、砭、础、礁、碣、砍、矿（礦）、磊、磨、碾、磬、碰、破、砌、砂、碎、碗、岩（巖）、研、砚（硯）、砸、砖（磚）、斫，等等，都与石有关。

---| 趣字析义 |---

斫

斫（zhuó），甲骨文作 ，从 厂（石）从 （斤，斧）会意，"砍""斫"都从"石"，可见当时砍伐的工具，以"石"为材质。

《说文解字》说，玉是"石之美者"。普通的石头很常见，可是那些精美的石头——玉，就很珍贵了。玉色彩斑斓，晶莹剔透，从古代到现在都受到人们的喜爱。最早的时候，古人把它用于祭祀，后来人们又把它当作重要的礼仪器物，当作身份和德行的象征。

─┤ 字形流变 ├─

玉

甲骨文作 丰 或 丰，象用绳索串起的玉片之形，前一字形上的 ↓，象绳索的开叉形。后来金文写作 王，小篆也是如此。为了与"君王"的"王"区别，隶书加一点，作"玉"，但用作偏旁时，通常写作 王，俗称"斜玉旁"，不应当称作"王字旁"。用在字的下部时，还是写作"玉"。

王

甲骨文作 大 或 王，象斧钺之形，斧钺用于刑杀，掌握生杀大权的人就是"王"。如果说因为甲骨文的材料——甲和骨材质太坚硬，不利于细致刻画的话，那么在浇铸和镂刻都相对容易的青铜上铸刻的金文，更能看出这个字的原形，金文的"王"字作 王，下面的斧刃更加象形。小篆作 王，三横当中上面的两横比较近，而"玉"字的小篆，三横是平均分布的。隶变时作 王，遂在"玉"上加点以示区别。

─┤ 义项组词 ├─

① 本义：玉石、玉器、美玉、青玉、白玉。

② 色泽晶莹如玉：冰清玉润、琼楼玉宇、玉兔。

③ 尊称、美称，珍贵的东西：玉颜、金科玉律、玉树临风。

---| 字例概述 |---

从"玉（王）"之字，多与玉石有关，在字中多写作"王"。用作偏旁，最后一横常写作提，所以俗称"斜玉旁"。如班、斑、碧、玻、琮、玷、瑰、环（環）、珏、珂、琅、璃、理、琳、玲、琉、珑（瓏）、玛（瑪）、弄、珀、璞、琪、琼（瓊）、球、瑞、珊、琐（瑣）、玩（翫）、瑕、现（現）、瑶（瑤）、瑜、珍、珠、琢等。用于字下，"玉"不变形，如宝（寶）、璧、玺（璽）、莹（瑩），等等。

---| 趣字析义 |---

班

"班"字首见于金文，作 班，《说文解字》认为从珏（同玨）从刀会意，表示引刀割玉。小篆作 班。隶、楷变化不大，楷书作班。

玉从中间被刀割开，以刀为界限，左边是玉，右边也是玉，是异质介入两个同质的东西之间，把它分开，所以"班"字有分开、离群的意思，李白《送友人》诗说"挥手自兹去，萧萧班马鸣"，用的就是这个意思。

同样的东西被分开，则分开的两部分可以等量齐观，所以"班"可以指一种组织形式，如学校的班级、军队中的班排，各班之间是一种平行关系，再引申到工作机制的上班、早班等，以及班车、班机等，也是将时间等作一种等质等量的划分。此外还引申为排布、分发的意思。

斑

"班"是"斑"的本字。上面说过，"班"表示一个异质介入两个同样的东西之间，"斑纹"的"斑"，也是由这个意思而来的，不同的纹理、颜色掺入同样的纹理、颜色之间，就形成"斑"，它是"掺杂"的纹理与颜色。中间的"文"字，是"花纹"的"纹"的本字。

学者杨树达在《积微居小学述林》中曾提到：结构相同的字，含义也类似，比如**辮**、**辯**、**辨**、**瓣**、**辦**（办）等。

最简单的辫子，是将两股同样的头发编在一起；**辯**论则是敌我双方之间言语相争；**辨**析是在几种情况之间加以判别分析；花**瓣**也好，将瓜分**瓣**也好，分成的部分也都是等同的。这些字，都有把相同的东西分开的意思。

宝

宝（寶），见第三册宀部"宝"字说解。

───┤ 似是而非 ├───

琴、瑟、琵、琶

有个故事，说清朝末年八国联军侵华，清朝落后无能，抵挡不住，只好谈判讲和。在谈判桌上，洋人给清朝的谈判代表出了一句上联：

琵琶琴瑟八大王，王王在上；

出句以"琵琶琴瑟"四个字的特点来一语双关，四个字上有八个"王"，就像八国联军高高在上一样。清朝代表毫不示弱，对道：

魑魅魍魉四小鬼，鬼鬼犯边。

对句也借"魑魅魍魉"这四个字的特点一语双关，四个字旁边有四个"鬼"，说你们不过就是来侵犯边境的鬼子，称什么"大王"。

这个对联真是精巧极了！但"琵琶琴瑟"上面，可不是八大"王"，也不是上文所讲的八大"玉"，更不是四大"珏"。

 琴，小篆作 𤦾，上面的"珏"形，横线象琴弦形，弦不止三，三以表示多。竖划象弦柱形，下面象琴身。后来变成从珏今声的形声字。**琵、琶、瑟**等字都是从"珡"省形的形声字。

农业是人类的伟大发明。农业发明之后，人类有了稳定的衣食之源，直到今天，农业仍然养育着人类。粮食要从田地当中生长出来。

字形流变

甲骨文作 田 ，是方方的田地的样子，徐中舒《甲骨文字典》中认为，"田"字是古代打猎时，在疆界内划分出狩猎区域的样子，后来用作"井田"之"田"；而将"田"字理解为农耕的田地，无疑更为直观。

义项组词

① 本义：农田、田地、田园。

② 引申为出产自然资源的地方：油田、煤田、气田。

③ 打猎，后写作"畋"：田猎。

字例概述

"田"作偏旁，有时用作声旁，如佃、甸、钿（鈿），等等；或者表示与田地有关，如画（畫）、界、疆，等等；还有不少的字，只是粗略描摹物象，与"田地"并无关系，如畏、累、果等。

趣字解形

画（畫）

金文作 ，以手执笔，画出田地的疆界。小篆字体，是划出了四边，后省去左右两边，简体作 ，是保留了田地和四边疆界。

疆

甲骨文	金文	小篆	隶书	楷书

甲骨文作 ，从畕从弓会意，"畕"象多田，从"弓"表示以弓来丈量。其后"畺""疆"两字并行，《说文》以为"畺"是表示田地之间有界线，小篆加土，表示与土地有关。

男

甲骨文	金文	小篆	隶书	楷书

甲骨文作 ，从田从 （力）会意， 是农具"耒"的象形，用耒耕作要用"力"，所以用以表示"力气"的"力"。在田中努力劳作是男子的职分。

畜

甲骨文	金文	小篆	隶书	楷书

甲骨文作 🔧，𝟪（幺）象束丝形，⊕ 象田中有苗之形，表示田猎。田猎所得的野兽，以丝绳牵系回家养殖，这就是最早的"家畜"；家畜不即时杀食，而是存养起来，所以"畜"又是"积蓄"之"蓄"的本字。小篆作 🔧，"幺"变为"玄"。

趣字析义

畴（疇），小篆作 ⿰，本义是已经耕作的有田沟的土地。𝟚，象弯曲的田沟形，隶书作畴 ，遂变成从田寿声。

畸，小篆作 ⿰，从田奇声，本义是零块的土地，引申为不规则的，不正常的。

留，金文作 🔧，从田，从丣（yǒu），丣亦声。从"田"，表示停留的地方。

略，小篆作 ⿰，从田各声，本义是治理土地。

苗，小篆作 ⿱，从艸从田会意。本义是生于田中的禾苗，后也指初生的植物或鱼蟹。

亩（畝），金文作 🔧，从田每声；小篆或作 🔧，从田从十久声，"十"象阡陌之形，"久"古音与"每"同。后写作"畞"，小变为 **畝** 、畝。简体取 **畝** 的形旁作"亩"。"亠"是"十"的讹变。

畔，小篆作 ⿰，从田半声，本义是田界，引申为旁边。

由，小篆作 ⊕，表示田中有路，可以经由通过。

—┤ 似非而是 ├—

周

| 甲骨文 | 金文 | 小篆 | 隶书 | 楷书 |

甲骨文作 田、甲、用 等形，象田中有苗形。后来姬周部落的先人迁到周原，始自称"周"，在原字下加"口"，示"政令之所出"，这就是表示国家的"周"字。"周"本是从"田"的。

—┤ 似是而非 ├—

雷

| 甲骨文 | 金文 | 小篆 | 隶书 | 楷书 |

甲骨文作 ，中间是闪电形，"田"表示雷声。金文加了表示天气的字符"雨"。

畏

| 甲骨文 | 金文 | 小篆 | 隶书 | 楷书 |

畏，甲骨文作 ，从 （鬼）持 ， 象棍棒之形。鬼而持棒，会意为"可畏"。

鬼

| 甲骨文 | 金文 | 小篆 | 隶书 | 楷书 |

甲骨文作 𩵋 、𩵋 、𩵋 等形，象巨首人身的异物之形。小篆作 𩵋 ，加了 𩵋 ，《甲骨文字典》认为是后世增繁。后来上部作"由（fú）"，与从"田"无别。

按，"云"甲骨文作 𩵋 ，其下之 𩵋 象云气之形；表示牛叫声的"牟"，小篆作 𩵋 ，其上所从之 𩵋 ，《说文》认为"象其声气从口出"，应为"声气"之象形。所以"鬼"字小篆所加之 𩵋 ，殆象鬼物缥缈如云气之形。

古人观念当中，"鬼"的形状是虚无缥缈的，如《韩非子·外储说左上第三十二》："鬼魅，无形者，不罄于前，故（画起来）易之也"；《淮南子·兵略训》："若鬼之无迹，若水之无创"，等等皆是。

备，甲骨文作 𩵋 、𩵋 ，经过复杂的演变过程，作"备"，实际上与"田"没有关系。详见第三册矢部"备"字说解。

畚，小篆作 𩵋 ，从田弁（biàn）声，"田"象器形。

畀，甲骨文作 𩵋 ，从丌（拱的本字）从田（表示搁物的垫子）会意，本义是给予。

戴，从異𢦏（zāi）声。
異，从畀从丌，表示举物给予，"戴"有以一物加于另一物之上的意思。

番，金文作 𩵋 ，从采（biàn）从田会意，"采"表示分开，"田"一说是兽足的象形，所以"番"表示足爪分开的兽足，是"蹯"的本字。

畐，金文作 𩵋 ，读 fú 或 bì，是容器的象形。其甲骨文有若干体，都是瓶类容器的象形，以瓶装酒向神献祭可以致"福"，所以在甲骨文中用作"福"，后加"示"旁。古代生产力低下，家有瓶储，或有余粮可以酿之为酒，则为富足之家，所以"富"字以"宀"下有"畐"来会意，"畐"亦表声。

果，金文作 ，从 ▨ 从木，▨ 象果实的形状。小篆作 ▨，遂成今形。

累（纍），小篆作 ，从糸畾（léi）声，本义是绳索。后来简化作"累"。

胃，小篆作 ▨，从 ▨ 从肉，▨ 象胃形。

思，小篆作 ▨，《说文解字》认为从囟（xìn）从心，囟亦声。囟是头顶正中的位置，表示初生婴儿头脑未长合处。以头顶和心来会意"思想"。"田"是"囟"的讹变。

细，从糸囟声。"田"也是"囟"的讹变。

有了土壤，植物才能有所附着，人类也才有可能种植庄稼，收获粮食。土，对于我们农耕民族，是尤其重要的。

字形流变

| 甲骨文 | 金文 | 小篆 | 隶书 | 楷书 |

甲骨文有多体，或作 ⎍ ，象地平面上竖立的土块之形；或作 ⎍ ，表示土块上有扬起的土粒；或作 ⊥ ，土块作竖笔处理，是前二形的简写形式。金文作 ⬥ 、⊥ 等体，中间写成实心的肥笔，肥笔写成竖画，并在竖上加点。如唐兰先生言，汉字每于竖画上加点，点又常变为横，这就是 ⊥ 、土 。

义项组词

① 本义：泥土、尘土。

② 像土的：烟土（鸦片）、混凝土。

③ 土地：领土、国土。

④ 本地的：土著。

⑤ 民间的，俗气的，与洋相对：土方法、土气。

字例概述

　　"土"作偏旁，或作声旁，如杜、灶、吐、肚，等等；或有表义作用，如在、里、社、尘（塵），等等；有些"土"是其他字形的讹变，如走、赤、牡，等等。

趣字解形

在

甲骨文作，《甲骨文字典》认为，表示地面以下有“丨”贯之，象草木初萌之形，表示“刚刚、才”，甲骨文用“（才）”为“在”。金文从土才声，作、等，遂成今形。

趣字解形

尘

尘（塵），小篆作，隶书作，从鹿从土会意，表示鹿奔跑时扬起的尘土。“尘”字早已有之，从小土会意，后为简体字所采用。

垂

垂，小篆作，从土（chuí）声，是花叶下垂的象形字，“土”表示处所，所以“垂”是“边陲”之“陲”的本字，后来“垂”代替表示下垂，所以又造“陲”字，表示“边陲”了。

圭

圭，金文作，从二土会意，是上圆下方的玉器，用作分封诸侯的凭证。据段玉裁的解释，“圭”是“土其土”，也就是将土地分封给诸侯作领土。

封

封，见第四册寸部“封”字说解。

坚

坚（堅），小篆作，从土臤(qiān)声。“臤”字本有坚固的意思，紧、肾、贤等字上面都是它，其中“臣”变为“〢”是草书楷化的结果，这样就都从有含义的文字变成了无意义的符号，与临、览、监、鉴等上面的“𦣝”变为“”同样的道理。

按，"竖（竪）"字当中的"臤"用的应是本义，从臣从又会意，以手押解臣服者，故表示未成年的童仆或小臣，引申有卑贱之义。

 里，金文作 ，从田从土会意，本义是居所，如乡里、里弄等。

 墨，小篆作 ，从黑从土会意，黑色的土状物，就是用来书写的墨。

 社，甲骨文用 （土）为社，表示土神。小篆加了表示神灵和祭祀的义符"示"，作 。

 灶（竈），小篆作 ，从穴黽（cù）声，后来简化为从火从土的简单会意字。

 尧（堯），小篆作 ，从垚（yáo）从兀会意，**垚**亦声。垚从三土会意，为土高，而**兀**是高而上平的意思，所以用垚、兀会意为高。

似是而非

赤，甲骨文作 ，从 （大）从 （火）会意。后来"大"讹为"土"，"火"变为"灬"即隶书 ，遂成今形。详见第三册火部"赤"字说解。

去，甲骨文作 ，从大从口会意，"大"是人的象形；"口"与 （凵，音 qū）同，都是洞穴、坎坑的象形。故该字表示人离开洞穴等居所，下面的"凵"又可作为声旁。后来"大"讹变成"土"，即隶书 ，楷书作 去。

走，金文作 。 象跑动时手臂摆动的样子， 是人脚掌的象形，用作偏旁，是表示运动、行进的字符。后来 讹变成了"土"，"止"形稍变，这就是隶书的 。

寺，金文作 ，从又 （之）声，小篆作 ，从又与从寸相同，上面的 讹变为土，就是隶书 寺，楷书作 寺。详见第四册寸部、止部"寺"字说解。

幸，该字有三种不同的来源。

① 幸运之"幸"，小篆作 ，《说文解字》以为从夭从屰（"逆"）会意，"夭"是死亡，逆死而得生，是非常幸运的。

② 在"报""執"等字中，"幸"是拘禁人手的器具的象形字，比如"执"的甲骨文作 ，左边后来写成"幸"，是个象形字。

③ 在"達（达）"字当中，"幸"是从大羊声的形声字，当为"夲（dá）"，是"达"的声旁。

不管哪一种情况，"幸"都与"土"无关。

活动

有一副拆字对联是这样写的：

寸土为寺，寺边言诗，诗云：明月送僧归古寺；

双木为林，林下示禁，禁曰：斧斤以时入山林。

这副对联玄机重重：

首先，"寸土"是"寺"，"寺"边"言"是"诗"；双"木"是"林"，"林"下"示"是"禁"。

其次，"明月"二字，"明"中有"月"；"斧斤"二字，"斧"中有"斤"。

再次，每句最后一个字都与本句第四、第五字一样。

最后，出句"送僧"声母相同，为双声，对句"以时"韵母相同，为叠韵。

除了"寸土"为"寺"不对，其他玄机精妙非凡。

第一册检字表

2

字课日日新

植物
动物

池玉玺 编著

知识产权出版社

图书在版编目（CIP）数据

字课日日新.2 / 池玉玺编著. — 北京：知识产权出版社，2018.1

ISBN 978-7-5130-5272-6

Ⅰ.①字… Ⅱ.①池… Ⅲ.①识字课—小学—教学参考资料 Ⅳ.①G624.223

中国版本图书馆CIP数据核字（2017）第278388号

内容提要

本书以字形为切入点，选取了1000余个有代表性的常用汉字，介绍其字形演变、字义来源，并以基础汉字为纲，略述其他相关汉字。按内容分为天文、气象、地理、植物、动物、器用、器官、手足、姿态九大类。旨在使初学汉字者明了汉字字形的道理，了解汉字的基本常识，并获得汉字学习、书写的趣味。

责任编辑: 龙　文　　　　　　责任校对: 潘凤越

装帧设计: 品　序　　　　　　责任出版: 刘译文

字课日日新.2

Zike Ririxin. Er

池玉玺　编著

出版发行	知识产权出版社有限责任公司	网　　址	http://www.ipph.cn
社　　址	北京市海淀区气象路50号院	邮　　编	100081
责编电话	010-82000860 转 8123	责编邮箱	longwen@cnipr.com
发行电话	010-82000860 转 8101/8102	发行传真	010-82000893/82005070/82000270
印　　刷	北京科信印刷有限公司	经　　销	各大网上书店、新华书店及相关销售网点
开　　本	720mm×1000mm 1/16	总 印 张	23.75
版　　次	2018年1月第1版	印　　次	2018年1月第1次印刷
总 字 数	350千字	总 定 价	120.00元（全五册）

ISBN 978-7-5130-5272-6

第二册目录

第四章　植物

第五章　动物

第四章

植物

草是最常见的植物，遍布于大
地上，卑微而顽强。

字形流变

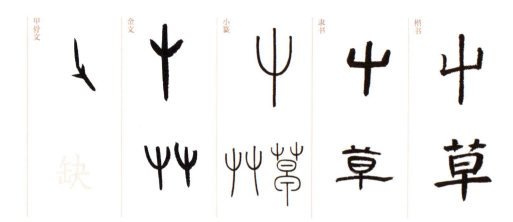

甲骨文、金文多借"屮（chè）"为草。"屮"象草初生形，古代有时用如"艸（cǎo）"。艸，以两"屮"会意，两草排列，表示很多草，后来以形声字"草"来代替，"艸"便只用作偏旁了。

—┤ 义项组词 ├—

① 植物类别，广义指茎干比较柔软的植物，包括庄稼和蔬菜：青草、野草、草原、草坪、草行露宿、草菅人命。
② 特指用作燃料、饲料的稻麦之类的茎叶：草料、柴草、稻草。
③ 荒野，原野，引申为在野的、民间的：草野、草莽、草寇。
④ 粗糙，不细致：草率（shuài）、草鄙（粗野朴陋）。
⑤ 汉字的一种书体：草书、狂草。
⑥ 打稿子，亦指稿子；引申为初步、非正式的：起草、草稿。

—┤ 字例概述 ├—

以"屮"作偏旁的字，都与"草"有关，如刍（芻）；从"艸"也是。因为"草"字以"艹"为部首，且写在该字的最上部，所以俗称"草字头"。

—┤ 趣字解形 ├—

刍（芻）

甲骨文	金文	小篆	隶书	楷书

甲骨文作 𠬝 ，从又从艸会意，表示取草。

华（華）

金文作 ，方述鑫《甲骨文金文字典》认为，象草木花叶茂盛之形，是象形字。小篆作 ，《说文解字》认为，它是"从 （chuí）亏声"的形声字，小篆在本字上又加"艹"作 ，就由象形字变成了形声字。俗体作"花"，是从艹化声的形声字。古有"华"字，后为简体采用，"花"用作名词，"华"用作形容词，从而产生了分化。

垂，见第一册"垂"字说解。

——— 似非而是 ———

不

甲骨文作 ，是花朵的花蕊、子房的象形字。在甲骨文中，已经假借为否定副词。

才

甲骨文作 ，象草芽初生贯穿地面上下之形，所以表示"刚刚"；金文作 、 ，中间填实了，小篆作 ，遂成今形。

耑

| 甲骨文 | 金文 | 小篆 | 隶书 | 楷书 |

甲骨文作 ，音 duān 或 zhuān，同"专"。上象草木初生之形，下象根须形，表示草木初生，所以是发端、起始的意思。金文作 ，上面的屮象草形，中间一横是地面，下面仍是根须之形。小篆作 ，隶书笔划平直端正，作 耑 或 耑，上面的"屮"已经讹成了"山"形，下面的根须则变成了"而"。楷书作 耑。

在后来的书写中，上面的"屮"或直写成"山"，或倾侧以存古意，比如**段**字，从殳耑省声，也就是说，𣪠是"耑"的省略，用来标注读音。"段"从殳，表示以手持物锻打，是**锻（鍛）**的本字。

屯

| 甲骨文 | 金文 | 小篆 | 隶书 | 楷书 |

甲骨文作 ，象草木初萌或花苞待放之形。上面的肥笔，演化成竖画和点的组合，点又变为横，这个过程与"土"字的演变过程非常相似，详见第一册"土"字说解。

生

| 甲骨文 | 金文 | 小篆 | 隶书 | 楷书 |

甲骨文作 ，象草从土地里萌生之形，表示生长。金文作 。唐兰认为，古文字"凡垂直之线中间恒加一点"，"生"字的金文或体为 ，印证了这个规律，后来"点"发展成"横"，即 。小篆作 。

在汉字的演进中，整齐化、方块化也是一个规律， 上的∪，既要整齐化，横平竖直，又不能完全不顾字形的本来面貌，便采取了这样一个折衷做法，写作了"宀"。比如： 一牛， 一朱，等等，都是如此。 一矢、 一缶、 一午等字∩变为"宀"，与之道理相同。

─── | 趣字析义 | ───

茶，原作"荼"，小篆作 ，从艹余声，在演变过程中有时作"茶"。后来唐代陆羽写《茶经》时，将多义的"荼"字写成"茶"，并固定下来。

卉，小篆作 ，是三个"屮"组成的会意字，是"草之总名"。

茎（莖），小篆作 ，从艹巠声，本义是植物的主干。"巠"在形声字中，除了作声旁，还兼有表义作用，表示"直"的。

蒙，小篆作 ，从艸冡(méng)声，本是草名，后来兼并了"冡"的意思。见本册第五章"冡"字说解。

莫，甲骨文作 ，从二"艹"从日，表示日从草间落下，会意为黄昏，后假借为否定词，故又加"日"为"暮"表示原来的意思。详见第一册日部"莫"字说解。

┤ 似 是 而 非 ├

万（萬）

甲骨文	金文	小篆	隶书	楷书
				萬

甲骨文作 ⚼，是一只蝎子的象形。上面的"艹"与草无关，而是蝎子钳子的象形；"田"与田地无关，而是蝎子的身体及身体上的花纹；"厶"表示蝎子的尾针。用来表示数字，是假借用法，"万"用作"萬"，在西周就已经使用了，来源不明。

若	**若**，甲骨文作 ⚼，金文作 ⚼，人以手理顺头发，所以表示"顺"。详见第四册口部"若"字说解。
梦	**梦（夢）**，甲骨文作 ⚼，像人躺在床上梦中有所见，画了睫毛的大眼睛表示梦中有所见，后来表示睫毛的笔画变成了"艹"，详见第一册"梦"字说解。
蔑	**蔑**，甲骨文作 ⚼，以戈贯人，表示消灭，上面的"艹"也是由睫毛演变来的，"罒"是眼睛，身体的"人"与"戈"合并成"戌"。
荧	**荧（熒）**，小篆作 ⚼，从焱（yàn）从冂（jiǒng）会意，焱表示灯烛之光，冂表示房屋，"熒"表示屋下灯烛之光。"炏"写在"冂"上，"火"写在"冂"下，是为了上下均衡。**荧（熒）、营（營）、萤（螢）、莺（鶯）、萦（縈）、荥（滎）、荣（榮）、劳（勞）**等字，都是从荧（熒）省声的形声字。
劳	**劳（勞）**，小篆作 ⚼，从熒省从力会意，与上面的几个形声字不同，这是个会意字，表示有火烧冂（房子），奋力救火的人会很辛苦。
荦	**荦（犖）**，从牛劳（勞）省声，本义是杂色的牛。

———— 节外生枝 ————

奈何姓"万"

明代的《应谐录》记了这么一则笑话：

有个乡村里的老财主，家产很是殷实，可是祖祖辈辈大字不识一个。有一年，他请了楚地（两湖区域）的读书人来家教他的儿子。老师开始教他的儿子执笔并描红写字，在纸上画一笔，对他说："这是一字。"画两笔，说："这是二字。"画三笔，说："这是三字。"地主的儿子刚写完，便高兴得不得了，把笔一丢，跑到他父亲那里，告诉他："我已经学会了，我已经学会了，不必再麻烦老师，还要交那么多学费了。"父亲很开心，就依了儿子，拿了一笔钱，把老师辞退了。

过了一阵子，老财主准备邀请一位姓万的亲友来喝酒，一早就叫儿子写一份请柬。过了很久还没有写成，父亲去催促他，儿子正在生气呢，嘴里说："天下的姓氏那么多，干嘛要姓万。我从一大早开始写到现在，才写完五百画。"

一
二
三
四
五
六
七
十

在数字的写法中，"一""二""三""四"（甲骨、金文均作 三，作"四"始于东周，来源未明）的确是写成相应的横画数，应是计数算筹的象形字，但是从"五"开始，就改变了这个笨法子，分别使用假借字或简单的记数符号来代替，"万（萬）"字就使用了假借用法。

所谓"假借"就是因为同音的关系，借一个已有的同音字，来作另外一个非常抽象的或者不可以表现出来的字。"万（萬）"就假借了原来表示"蝎子"的"萬"来表示。

五，假借束丝交午的 ⊠ 来表示，详见第四册系部"五"字说解。

六，假借简易的房屋 ⌂ 来表示。

"七"和"十"的形变过程如下页表：

七，甲骨文作 十，横画当中加一竖，表示切开。**十**，甲骨文作 ∣，用一竖画表示。汉字的习惯，喜欢在竖画上加一点，点又常变作横，正如"十"在金文中的字

甲骨文　　金文　　小篆　　隶书　　楷书

形，"七"和"十"，字形遂同。小篆对"七"的竖画加以弯曲处理，以与"十"相区别，正如"电"和"申"的区别，后遂分别成为今形。

八，表示分开，在甲骨文中已假借为数字"八"，作)(，一直沿用到今天，字形也没有发生大的变化。

从"八"的字多与分开有关。如"半"，从八从牛会意，表示把牛分开；"**分**"，以八刀会意；"柬"，金文作 ，以八束会意。"八"表示分开，"束"表示扎束，所以"柬"本是分而束之，加以挑选的意思，"分拣（揀）"的"拣（揀）"字从之，在**栋**、**练**（練）、**炼**（煉）、**谏**（諫）、**阑**（闌）等**字**中用作声旁。

九，假借衣钩的象形字 表示，字形基本无变化。

我们会见到各种瓜，作为蔬菜的黄瓜、南瓜、冬瓜、丝瓜、苦瓜、佛手瓜，作为水果的甜瓜、西瓜等，这些瓜都有什么共同特点呢？

字形流变

甲骨文	金文	小篆	隶书	楷书

金文作𠬢，象"瓜"有藤蔓、果实之形，小篆更加形象。

义项组词

① 本义：南瓜、冬瓜、丝瓜、苦瓜、甜瓜、西瓜。瓜分。

② 瓜形物：瓜皮帽、脑瓜儿。

字例概述

在瓣、瓞、瓟、瓢、瓤等字中，"瓜"用作义符；

在孤、呱、狐、舭、弧等字中，"瓜"用作声符。"呱呱坠地"当中，"呱"读作"gū"；许多同学还经常将"爬"的"爪"旁写成"瓜"，要知道，"爬"要靠"爪子"，要是踩在"瓜"上就要摔跤了。

人类在漫长的采集生活中，发现有些草可以作为药物，有些草可以作为食物。"禾"的种子，就是人类重要的食物。我们吃的小麦、谷子、水稻、高粱等都属于禾类，它们有什么共同特点呢？

字形流变

甲骨文	金文	小篆	隶书	楷书

甲骨文作 ，而金文作 ，更体现了禾类植物的特点：都把穗顶在头上，沉沉地垂下来。后来隶书用一撇来表示。

义项组词

本义，谷类作物的总称：禾苗、禾谷、禾穗。

字例概述

"禾"作为偏旁，或表声，如和；或表义，表示与"禾"类有关，如黍、香、黎、利、秉、兼、季、称（稱）、积（積）等。"年"字当中也有"禾"，只是形变太大，已经不好辨识了。

趣字解形

和

甲骨文作 ，左边或作 ，总之象编管的乐器之形，右边的“禾”是声旁。本义是音乐声音协和。后来省作“和”。

秉、兼

秉，甲骨文作 ，从又从禾会意，以手持禾，表示秉持。

兼，金文作 ，手持二禾，是会意字。楷书将两株禾的禾穗省为两点，将各自的前两片叶子写成一横，各自的后两片叶子省掉相邻的笔画，就得到了楷书 兼 。“兼”的省并过程，与“并”从 到 非常相似，都是把相近部分的笔画省略了。

季

| 甲骨文 | 金文 | 小篆 | 隶书 | 楷书 |

甲骨文作，《说文解字》认为从子从稚省声，"稚"也有表义作用。本来表示排行当中最小的，比如兄弟排行：孟（或伯）、仲、叔、季；季春、季秋等。后指一年的四分之一，这大约是由兄弟排行的"孟、仲、叔、季"引申来的，如春季、秋季。

利

甲骨文作，象以耒犁地之形，金文的两点，象翻起来的土粒形，小篆时始讹作"刀"，遂成今形。
黎，小篆作，从黍省利声，"利"和"黍"共用一个"禾"，其中右上角的，实际上是"刀"，不可以写作"勿"。"黎"本义是用米做成的胶。其他用法应是假借。

黍

甲骨文有、等多体，都是从禾从水会意的。小篆作，《说文解字》认为，黍是黏米，在大暑播种，所以叫作"shǔ"；可以用来酿酒，所以用"禾""入""水"三字来会意。

———┤ 趣字析义 ├———

称

称（稱），从禾从再（chēng）会意，再亦声。

再，甲骨文作 ，从爪从鱼会意，以手提鱼，所以有"升举"的意思。"再"的字形演变详见本册鱼部"再"字说解。

谷

谷（穀），小篆作 ，从禾 声，是庄稼、粮食的总称， 是声旁，彀、穀、毂、觳等字从之得声。

谷，甲骨文作 ，象泉水从山间流出谷口，是山谷的象形。我们吃的应当是"穀子"，谁要是能吞下"谷"，那可真是"虚怀若谷"了。后来在简体字中，两个字归并为"谷"。

积

积（積），小篆作 ，从禾责声，原义是堆聚谷物。

科

科，小篆作 ，从禾从斗会意。斗是一种容器，用斗称量谷物。科，本义是称量、分别谷子的品类，所以可以组词"科目""科学"。

历

历（歷、曆），甲骨文作 ，从止秝声。禾株成列，人经行其中，所以还可以是从秝从止会意。金文作 ，以厤（lì）为声符。组词如：经历、历史。"歷"引申为"曆"，金文作 ，从日厤声，从日表示与时间有关。组词如：历法、日历。后来在简体字中，两个字归并为"历"。

穆

穆，甲骨文作 ，象禾谷垂穗而谷穗肥硕有芒之形，本义是一种禾，其他用法如表示庄严、表示左昭右穆的宗庙次序等，都是假借用法。金文作 ，《甲骨文字典》认为，"彡"是增加的"饰笔"。小篆作 ，遂成今形。

私

私，小篆作 ，从禾厶（sī）声。厶，表示自营。古人以"自营为厶，背厶为公"来解释"厶"和"公"，不妨作为一种解读。"私"据段玉裁的解释，本是禾名，后来假借为"自私"的"私"。

稣，金文作 🔣，从木鱼声；小篆作 🔣，从禾鱼声。从"木"从"禾"义同，都表示植物复苏生长，引申为"苏醒"。加"艹"作"蘇"，表示取草为薪。后来"蘇"合并了"稣"，并简化作"苏"。

税，小篆作 🔣，从禾兑声，表示租税。

秦，甲骨文作 🔣，象两手举杵捣"禾"之形，见第一册"秦"字说解。

秋，小篆作 🔣，从禾从火会意，秋收之后，用火烧禾秆，以净田地，用作肥料，所以用"秋"来表示烧禾的时节。或作穐，从禾龟（qiū）声。

委，甲骨文作 🔣，小篆作 🔣，《说文解字》认为从女禾声，或说从女从禾会意。甲骨文有多体，都是表现禾穗的卷曲，大约是"枯萎"的"萎"的本字，从女，大约是表示随顺、婉曲之义。

稳（穩），小篆作 🔣，从禾㥯（yǐn）声。
㥯，从心䖵（yǐn）声；䖵，《说文解字》以为是"稳"的本字，以双手持工会意，表示"所落之处巧得宜"。
按，以双手持物会意安稳也可以讲通，"展"字的古字作"㞡"，象众物罗列之形，就是以"工"来代表物体。"稳"的本义是蹂践聚集的谷粒，使谷壳和米分开，后来假借为"安稳"义。
"穩"的右边后来写作"急"，是形近而讹，意思其实是完全相反的。详见"急"字说解。

秀，小篆作 🔣，从禾从乃会意，"乃"在这里象谷物扬花抽穗之形，引申而有优异、美丽的含义。

移，小篆作 🔣，从禾多声，"多"的读音有古今的不同。本义是移栽禾苗。

秩，小篆作 🔣，从禾失声，本义是积聚。凡是"积聚"，必有先后次序，所以引申为"秩序"。

—— 似非而是 ——

年

| 甲骨文 | 金文 | 小篆 | 隶书 | 楷书 |

甲骨文作 🦴，从禾从人会意，收获时节，人们持禾而舞，词语 "年成" 还保留了这个意思。禾多一年一熟，故用 "年" 字作为计时单位。隶书作 𢆉 ，是笔画高度整齐化的结果，遂使原意不明显。

—— 似是而非 ——

乘

| 甲骨文 | 金文 | 小篆 | 隶书 | 楷书 |

甲骨文作 🌿，从大从 丫，象人登于木上之形；金文作 🌿 ，更刻画出了人的脚。小篆小讹，作 🌿 ，隶书当中人的双足（止），讹成了两个 "十" 字形，正如 "奔" 字下面三个 "止" 变成了三个 "十"，作 乘 。后来中间部分断开连接，字形似 "北"，遂作 "乘"。

桀，小篆作 🌿 ，以两足升于木上会意，与 "乘" 同源，是 "杰出" 的 "杰" 的本字。人登于木，则高于常人，后加 "人" 作 "傑"。详见第四册止部 "桀" 字说解。

稽，小篆作 🌿 ，从禾（jī，并非 "禾"）从尤旨声。本义是停留、阻滞。

—— 节外生枝 ——

来（來）

| 甲骨文 | 金文 | 小篆 | 隶书 | 楷书 |

甲骨文作 𣎆，是一种麦子的象形字，隶书时已经简化作 来 。

麦

| 甲骨文 | 金文 | 小篆 | 隶书 | 楷书 |

甲骨文作 𣏟，从 𣎆（來）从 𠂤（夂），从夂与从止同，都是表示行动的义符，则"麥"本是表示去来的"米（來）"，而"来（來）"是"麦（麥）"的象形本字，后来在使用当中发生对转。隶书作 麦 ，"來"中间的"从"和下面的"人"笔画都平直化处理，成"龶"形。

嗇（嗇），甲骨文作 𥞆 ，从二禾从亩（lǐn）会意，或作 𥝌 ，从来从亩会意，都表示把粮食藏在仓廪当中。金文作 𢍏 ，小篆作 嗇 。后来假借表示爱惜，本字加"禾"作"穑（穡）"，小篆作 穡 。粮食入库，要做好防护，筑好"墙（牆）"。

墙（牆），小篆作 牆 ，从嗇爿（qiáng）声。后来因为强调其材质，改为从土从嗇会意，即"墙（墙）"。

"龶"的其他来源

除了"麦"中的"來"变为"龶"，汉字当中的"龶"还有其他不同的来源，如生、束、毛等字的形变。

青，金文作 ，从丹生声。

丹，甲骨文作 ，《说文解字》认为， 是丹砂矿井，中间的一点象矿石形。从"丹"或者表明"青"也是颜色的一种，或者表明青色取于矿石。《周礼·秋官司寇》"职金，掌凡金、玉、锡、石、丹、青之戒令"。金、玉、锡、石、丹皆取自矿石，而归一个部门职掌，则青亦当取于矿石。

责，甲骨文作 ，从 （贝） （朿）声，从贝表明与钱财有关，"责"是"债"的本字，后来专作"责任"义，另用"债"代替本字。金文作 ， ，后者已经十分接近小篆 。隶书作 ，上面"朿"字的笔画都已经平直了。楷书作 。

朿（cì），同"刺"。刺、棘、策、敕等都以"朿"为声旁。**"枣（棗）"**以二"朿"会意，因为枣树多刺。

表，小篆作 ，从衣从毛。隶书作 ，"衣"的点横与"毛"的首笔合为一体了，楷书作 。详见第三册衣部"表"字说解。

毒，小篆作 ，从屮毐声，"屮"是草的象形字。毐（ǎi），从士从毋会意，意思是品行不端的人。"毒"的本义是毒草，后来"屮"与下面的"士"相联，写成了"主"，楷书作 毒 。

素，小篆作 ，从 （"垂"的本字，花叶下垂的样子）从 （糸）会意，本义是未经染色的光滑下垂的纺织品。后来 的首笔写成横，两边花叶下垂的四笔联写成两横，作"主"，楷书作 素 。

敖，小篆作 ，从出从放会意，表示放荡漫游，是"遨"的本字。楷书作敖 。

植物除了花草，还有树木。树木卓然而立，扎根于地，舒展于天。树林阴翳，许多鸟兽栖息于其中。森林蒸腾着水汽，吸收二氧化碳，释放氧气，调节着地球的气候，保持着水土，也为人类的生存提供了庇护和滋养。

—— 字形流变 ——

甲骨文	金文	小篆	隶书	楷书
木	木	木	木	木

甲骨文作木，下面是根，中间是干，上面是树枝，是一棵完整的树的样子。"木"是典型的象形字。

——┤ 义项组词 ├——

1. 本义，树：树木、木犹如此。

2. 木质的：木桌、木门、木板。

3. 五行之一，有强直、条畅的特性。

4. 质朴，呆笨，失去知觉：木讷、麻木。

——┤ 字例概述 ├——

"木"作偏旁，或作声旁，如沐；或表示树木、木制品。

——┤ 趣字解形 ├——

本、末、未

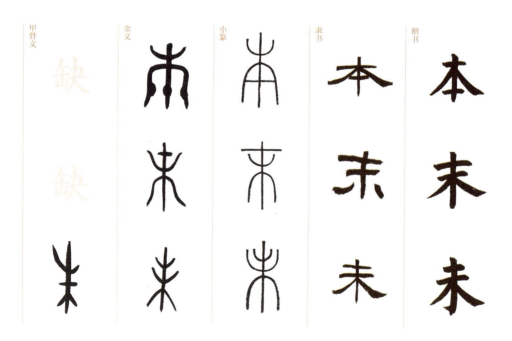

本，金文作木，是指示字，在树的根部用指事符号标示出来。根是树最重要的部分，所以"本"用来形容最基础的、最重要的事物。

末，金文作 ，也是指事字，在树的梢部，用指事符号标示出来。末是末梢，是相对不重要的部分，所以"末"用来形容不重要的事物。

未，甲骨文作 ，是象形字，象枝柯重叠之形，以两重树枝来表示茂盛，后来被假借用作时辰和否定副词，本字又造了形声字"蔚"来代替。隶书阶段"末"和"未"形似，为了加以区别，"末"两横上长下短，"未"字两横上短下长。

集

甲骨文作 ，从隹（鸟的简体）从木会意，本义是鸟止于树，因为鸟多群聚而止息，所以又有"聚集"的意思。

桑、丧（喪）

桑，甲骨文作 ，是枝繁叶茂的桑树的象形。古人种桑养蚕缫丝织布，桑树是对人们的生活很重要的树。

丧，甲骨文作 ，象桑树上挂了几个采桑之器，本义为采桑，假借为丧亡、丧失之义。

析

| 甲骨文 | 金文 | 小篆 | 隶书 | 楷书 |

甲骨文作，从木从斤（斤）会意，斤是曲柄斧，"析"字表示用斧子破开树木；又引申为分开，"分崩离析"用的就是这个意思；分开以利于仔细观察、研究，"分析"用的就是"析"的这个引申义。

新、薪

| 甲骨文 | 金文 | 小篆 | 隶书 | 楷书 |

甲骨文作，从斤（斤）辛（辛）声，或加木，作。以斧斤砍斫树木取作柴火，是"薪"的本字，后来被借用作"新旧"之"新"，于是另加"艹"作"薪"。

休

| 甲骨文 | 金文 | 小篆 | 隶书 | 楷书 |

甲骨文作，从人从木会意，以人靠在树上表示休息。

乐（樂）

| 甲骨文 | 金文 | 小篆 | 隶书 | 楷书 |

甲骨文作 ，罗振玉认为，象丝附于木的琴、瑟之类的乐器。金文作 或 ，后一字形，《说文解字》认为象有木架的鞞鼓形，代称所有的乐器。人听到音乐，则觉得欣悦，所以又作"欢乐"的"乐"，简体作 乐，是草书楷化的结果。

——— 趣字析义 ———

呆
呆，大约是指张着嘴巴、像木头一样立着的"呆"状，所以从口从木会意。

杏
杏，小篆作 ，从木从口，口或说象杏子之形。

朵
朵（朶），小篆作 ，上象花实之形，与"秀"下部同理。

杲
杲，小篆作 ，从日在木上，会意为日高而光明。

杳
杳，小篆作 ，从日在木下，会意为日落而昏暗。

条
条（條），小篆作 ，从木攸声，本义是小树枝。因为小树枝呈长条形，所以又作细长形之物的量词，如：一条蛇。

杂
杂（雜、襍），小篆作 ，从衣集声，或作"襍"，左形右声比较明显；或作"雜"，把右边"集"下之"木"移到了"衣"下。后来草书楷化并省去"隹"旁，作"杂"。

林，甲骨文作 𣏣 ，字形变化不大。单株为"木"，双"木"为"林"。跟双"屮"为"艸"是同样的原理。用两棵树代表许多树。

森，甲骨文作 𣛧 ，三"木"为"森"，更为众多的树木丛生繁密的意思。

植，小篆作 植 ，从木直声，本义是种植、树立。

树（樹），小篆作 樹 ，从木尌（shù）声，本义是动词栽树，还作名词，表示栽处的对象。后来合并了"尌"字的含义，表示树立。

—— 似是而非 ——

东（東）

按《说文解字》的说法，"东"以日在木中会意，表示"日出东方"。但从甲骨文看来，字形应是扎起了两端的口袋，中间用以盛东西。作方位名词，应当是假借义。

朱

甲骨文作 米 ，而尤可注意的是金文，一体作 米 ；小篆作 米 ，《说文解字》认为，该字是指事符号标在"木"的中间，表示树干的髓部为红色，所以"朱"为红的意思。

但《甲骨文字典》引商承祚说认为，“朱”象系珠形，中间的横划或作点，象珠形，两端是散开的线头，所以“朱”是“珠”的初文；又，古代重视红色的珠子，所以“朱”又表示红。

术

术，小篆作 ，是高粱的象形字，后来成为“術”的简化字形式。

节外生枝

叠文为字

汉字当中以同体重复来会意“众多”，古代以“三”为多，这是有着深刻文化和哲学内涵的。详见詹鄞鑫《华夏考》之《原始数观念与传统文化》。即从文字上来说，我们可以举出许多例证：

贝—贔(bì)

土—垚(yáo)

犬—猋(biāo)

羊—羴(shān)

鹿—麤(cū，同“粗”)

牛—犇(bēn，同“奔”)

鱼—鱻(xiān，同“鲜”)

木—林—森

耳—聑(tiē)—聶

金—鍂(piān)—鑫

日—昍(xuān)—晶

口—吅(xuān)—品

水—沝(zhuǐ)—淼

人—从—众

石—砳(lè)—磊

虫(huǐ)—蚰(kūn)—蟲(chóng)

火—炎—焱(yàn)—燚(yì)

屮(chè)—艸(艹)—芔(卉)—茻(mǎng，同“莽”)

我国是最早种植水稻和粟的国家，"稻"经过加工就是"大米"，"粟"经过加工就是"小米"。这两种主要的粮食一直养育着我们。

———— 字形流变 ————

甲骨文	金文	小篆	隶书	楷书

甲骨文作 ⺧，表示许多细碎的东西。

---| 义项组词 |---

① 本义，谷物和其他植物子实去壳后的子实：粟米、玉米、小米。

② 特指稻米：米已成炊、鱼米之乡、长安米贵，米饭、米粒。

③ 像大米一样的颜色，白色偏黄：米色。

④ 比喻极少或极小的量，犹点滴：米粒之珠。

⑤ 国际单位制基本单位中长度的单位，100 厘米：千米、厘米。

⑥ 姓。宋代的书画家米芾，因为性格狂放，人们称他"米颠"。

---| 字例概述 |---

"米"作偏旁，或作声旁，如咪；或表示与粮食有关，如籴（糴）、粜（糶）、粮、粥等；或表示细碎状的东西，如屎、粪（糞）等。

---| 趣字析义 |---

籴（糴，dí），小篆作 ，从入从米翟声。本义是买进粮食。简体字省却声旁"翟"，变成了会意字。

粜（糶，tiào），小篆作 ，从出从米翟声。本义是卖出粮食。简体字省却声旁"翟"，变成了会意字。

粪（糞），甲骨文作 ，上面的点象碎的秽物之形，下面是一双手端着除秽的簸箕，本义是弃除，兼有名词和动词的意思。小篆作 ，构字原理与甲骨文相同，楷书作 **糞**，仍然延续着最初的结构元素，"田"是簸箕的象形，"共"由本字 （拱）变来。简体为 **粪** 字，结果就变成打扫秽物不用簸箕，直接下手了。

匊（jū），金文作 ，会意为捧之在手，是"掬"的本字。小篆作 ，后来加了"扌"旁，就由会意字变成了形声字。菊、鞠、趜等都以之为声旁。

屎，甲骨文作 ，象人遗屎之形，下面数点是表现细碎之物。楷书作 **屎**，其中"尸"是"人"的变体，而"米"字本身就表示象细碎之物的。

粥

粥（鬻），从米从弜。鬲，甲骨文作 鬲，是三足中空的炊煮器，其中的"弜"，只是从"鬲"这个炊煮器当中冒出的热气，与弓箭没有关系。

糟粕

"**糟**""**粕**"都是以米为形旁的形声字，都是指酿酒之后的酒渣，所以"糟粕"用以形容废弃无用之物。

精

"**精**"是从米青声的形声字，指挑选过的上等好米。"华（華）"是指植物的花朵。所以"精华"用以形容事物中最优秀的部分。

料

料，小篆作 料，从米从斗会意，用斗量米，表示称量。

气

气（氣），小篆作 氣，原是指"馈客之刍米"，也就是馈赠客人用的马的草料和人的粮食。后来假借为"空气"的"气"。

粘

粘（黏），小篆作 黏，从黍占声，"黍"是粘米，省作"米"意义不变。

———————| 似是而非 |———————

断

断（斷），小篆作 斷，从 絲 与 𢇍 同，都表示以刀断丝，后加了"斤"来强化其以刀断丝的意义，简体作"断"，其中的"米"其实是四个"幺"与中间横画的简化形式。

继

继（繼），小篆作 繼，从糸 从𢇍 会意。以刀断丝，而后用"糸"连接之。简体作"继"，其中的"米"原理同上。

娄

娄（婁），小篆作 婁，从毋（即"无"）从中从女会意，据说表示其"中""无""女"，所以表示中空的意思，聊备一说。简体当中的"米"，也是字形简化的结果。

类

类（類），小篆作 類，从犬頪声，照《说文解字》的说法，是因为犬类都是相似的，所以用来指同一类别。后来省略作"类"。

竹子被人欣赏，除了它挺拔的身姿、清雅的枝叶、傲寒的精神，还有一个原因，竹子是有"节"的，在汉语当中，"节操"的"节"与"枝节"的"节"是同一个字。

─┤ 字形流变 ├─

甲骨文	金文	小篆	隶书	楷书
缺	竹	竹	竹	竹

初见于金文，作竹。象枝叶下垂的竹形。

———┤ 义 项 组 词 ├———

① 本义，竹子：竹枝、竹笋、竹叶、势如破竹。

② 竹制品：竹席、竹筒、竹简、丝竹（竹制乐器如箫笛）、青梅竹马。

———┤ 字 例 概 述 ├———

> 从"竹"的字，都与竹子有关。

———┤ 趣 字 析 义 ├———

笨，小篆作 𥬔，从竹本声，本义是竹子的内面，后来假借为"笨拙"义。

笔（筆），小篆作 𥲑，从竹从聿（yù）会意。聿，甲骨文作 𦘫，象以手执笔之形，书（書）、画（畫）等字也从之。

策，小篆作 𥴧，从竹束声。册，甲骨文作 𠕋，表示用绳子编起的竹片、木片，古人用"册"来书写。"策"是"册"字的形声字形式，后来意义有了分化。"册"指载体，例如"手册"；而"策"指内容，例如"政策"。

等，小篆作 𥬜，从竹从寺会意，"寺"是政府部门，政府部门要力求公正，所以从竹从寺表示使竹册长短均齐，所以用作"平等"的"等"。

第，小篆作 𥳑，从竹弟声。本写作"弟"，甲骨文作 𢎨，《甲骨文字典》以为，象以绳索缠绕于箭杆之形，缠绕需要有次序，所以引申而有"次第"的意思。人伦次序，幼者为"弟"，层级升降的工具为"梯"，顺次远近的动作为"递"。

范（範），"范"本是古代的姓氏，"範"小篆作 𩏑，从车从笵省声。本义是需要用车的一种祭祀，后来假借用为表示规则和模子的"范"。"范"和"範"简化字归并为"范"。

箕，小篆作 箕 ，从竹其声，表示簸箕。

其，金文作 ，是簸箕的象形字，或作 ，下面加了"丌（jī）"作声符。后来"其"被假借用作代词或副词，本字加了表示其材质的"竹"来表示。

节（節），金文作 ，从竹即声，本义是指竹节。竹子的茎非常匀称，到"节"处就会有一圈突出；平常的日子也很"匀称"，一些特别的日子也会显得突出，那些日子就是"节"，比如"春节""中秋节"等。

筐，小篆作 筐 ，从竹匚声，一种竹编的容器，本作"匚"，后来加了表示材质的"竹"。

匚，金文作 、 ，从匚 声，其中"匚"象筐形。而 是从止王声的形声字，后作"往"。

帘（簾），小篆作 ，从竹廉声，而"帘"本是酒家用作店招的旗帜，简化之后两字合并为"帘"了。

笑，小篆作 ，一说是竹子因风而弯腰，就像人笑一样，把"笑"理解为从"竹"从"夭"会意。

竺，小篆作 ，从竹从二会意，两层竹子，表示很厚，是"笃（篤）"的本字。后来专用作国家"天竺"和姓氏字。

篆，小篆作 ，从竹彖（tuàn）声，汉字的书体，广义上的大篆包括甲骨文、金文和籀文；小篆是秦统一六国后，将大篆加以简化之后的字体，更加简洁、符号化。

第，小篆作 ，从竹 朿（zǐ）声，本义是席子，"床笫之欢"不能写成"床第之欢"。

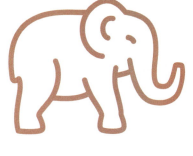

第五章

动物

牛是人类很早就驯化的动物，它体魄强健，性格温驯，但有些执拗。它任劳任怨，能够负重而致远。在农耕时代，为人类助力极大，是人类最忠诚的朋友之一。

—— 字形流变 ——

甲骨文作𝝯，象牛角、牛耳、简化的牛头之形，在字体流变过程中，变化不大。隶书作牛，

牛角的 ⌣ 写成了 ∠ ，这是汉字从象形到抽象符号演变过程中的常见做法，生、朱等字都是如此。

① 本义：黄牛、水牛、汗牛充栋、（宁为鸡口，不为牛后）。
② 牛性愚，执拗，故比喻人愚钝或脾气倔：牛脾气、笨牛。
③ 口语当中，比喻出色或骄傲自大，或因牛体形大而来。

———┤ 字例概述 ├———

偏旁为"牛"的字，都与牛有关，如牢、牡、牝、特等。

———┤ 趣字解形 ├———

牢

甲骨文	金文	小篆	隶书	楷书

甲骨文作 ，牛在 中，会意为栏圈，引申指关押人的地方。栏圈需要严密，不能逃脱，所以又有"牢固"的意思。古人也用"牢"来指祭祀或宴享时用的牲畜。牛羊豕各一为太牢，羊豕各一为少牢。

甲骨文中表示"牢"的有很多字。羊圈为 、马圈为 ，因为"牛"具有代表性，所以这些字后来都归并为"牢"了。

牡

| 甲骨文 | 金文 | 小篆 | 隶书 | 楷书 |

甲骨文作 ，是会意字，右边的"⊥"象雄性动物的生殖器之形，本义是公牛。甲骨文中表示这一意义的也有很多字。雄鹿为 ，公羊为 ，公马为 ，等等。后来也是因为"牛"更有代表性，这些字都归并为"牡"，"牡"就成为所有雄性动物的代称。

牝

| 甲骨文 | 金文 | 小篆 | 隶书 | 楷书 |

甲骨文作 ，右边的"匕"与"匕首"无关，是雌性动物的生殖器之形。在甲骨文中，雌虎为 ，母羊为 ，母马为 ，母猪为 ，母狗为 ，等等。后来也用"牝"来指所有的雌性动物。

牧

| 甲骨文 | 金文 | 小篆 | 隶书 | 楷书 |

甲骨文作 ，从牛从攴会意，表示以手持棍棒驱赶牛，所以是"放牧"的意思。由此引申，又有管理的意思。

—————| 趣字析义 |—————

犁

犁，小篆作 𤛿 ，从牛黎声，后来省作"犁"，表示牛耕。

牟

牟，小篆作 𤘫 ，从厶从牛会意，表示牛叫。上面的 乙 表示气从牛口中喷出。后来假借为"牟取"的"牟"，本字又加"口"作"哞"。

犟

犟，从牛强声，表示像牛一样倔强。

特

特，小篆作 𤝗 ，从牛寺声，现在读音发生变化，已经不能从读音上辨识出它的形声字特点。本义是指雄性的动物。表示"特别"是假借用法。

物

物，甲骨文作 𤘐 ，表示杂色的牛。《甲骨文字典》认为，𠃌 表示用耒翻土，土色干湿不同，故而颜色深浅驳杂，后来该字与表示弓弦声的 𠃌 形近相混，都写成"勿"。所以"物"本来表示杂色的牛。因为品类盛陈，也是颜色驳杂的，所以用"物"假借来表示各种东西。

牺

牺（犠），小篆作 𤛭 ，从牛羲声，后来改换复杂的声符"羲"为简单声符"西"。

牲

牲，金文作 𤘥 ，小篆作 𤘥 ，从牛生声，表示祭祀用的全牛。"牺""牲"后来泛指祭祀所用的牲畜。古人重视祭祀，所以后来"牺牲"就被用于表示为了伟大、正义的事业而死。

—————| 似非而是 |—————

半

半，金文作 𦍌 ，从八从牛，会意为把牛分解开，"八"表示分开。

羊也是我们非常熟悉的动物，当初的人类豢养它们，
主要用于获得食物和皮毛。它们性格温驯，肉味鲜美，
围绕这两个特点，上古时的人们造出来很多字。

───┤ 字形流变 ├───

| 甲骨文 | 金文 | 小篆 | 隶书 | 楷书 |

甲骨文作 ↓，抓住了羊最主要的特征，就是弯弯的角。下面是羊耳和简化的羊头，后来作为"无
义增繁"的"饰笔"，"羊"字加了一笔横画，这就是金文的 ↓，遂成今形。

──┤ 义项组词 ├──

本义：山羊、绵羊、羊群、领头羊、亡羊补牢、歧路亡羊。

──┤ 字例概述 ├──

从羊的字，或用作声旁，如洋、佯、样、养（養）等；或与"羊"有关，如羔、美、群、鲜、羹（羮）等。

──┤ 趣字解形 ├──

羔

甲骨文作 ，从羊从 ¦¦（小）会意，"小羊"为"羔"。¦¦（小）后来讹变为同样是四笔的"火"，并与"火"字底一同演化成"灬"，实际上与火并没有关系。"小""少"的字形演变详见"节外生枝"。

美

甲骨文作 ，从羊从大会意，"大"是正面站立的人形。或说羊肥硕则其肉鲜美；或说人以羊头为道具而舞蹈，故会意为美，以后说为胜。

羌

| 甲骨文 | 金文 | 小篆 | 隶书 | 楷书 |

甲骨文作 𦍋，从羊从儿（人）会意，指牧羊的羌族。其中"儿"是"人"的变体，详见"儿"字说解。

善

| 甲骨文 | 金文 | 小篆 | 隶书 | 楷书 |

甲骨文作 𦎫，金文作 𦎫，从羊从二言会意，"羊"表示吉祥，吉言为善。

义（義）

| 甲骨文 | 金文 | 小篆 | 隶书 | 楷书 |

甲骨文作 𦍩，从羊从我会意。"我"是一种兵器的象形字，表示兵器、仪仗；羊代表祭祀、吉祥。"義"会意为"正当""善"的。

宋元俗字，以同音的"义"来代替"義"，后来为了表示与"义"的区别，在上加点作"义"。

---| 趣字析义 |---

 羴（shān），甲骨文作 🐏🐏🐏 ，用三个"羊"会意。羊味腥膻，多头羊聚集，其气味更大。后来用形声字"膻"来代替。

 羍（dá），小篆作 𡴭 ，从羊大声，"大"只作声符，这个字是"小羊"的意思，在"达（達）"字中作声符。

 羹，小篆作 𩛥 ，从羔从美会意，表示肉味鲜美。羹在古代指带汁的肉汤。

 羸（léi），小篆作 𦋈 ，从羊羸声，本义是瘦羊，后来用以指人瘦弱。

 群，金文作 𦏲 ，从羊君声，羊多成群，所以在"群"字中"羊"也有表义作用。

 羲（xī），小篆作 𦏵 ，从兮义声，本义是气，左下角是"我"的左侧，与"兮"合并，并省略一部分笔画的结果，不能写作"秀"。

 养（養），小篆作 𩜋 ，从食羊声，后来简体将"食"简化为"介"，这就丧失本义了。

 鲜，金文作 🐟羊 ，从羊从鱼会意，因为鱼肉和羊肉都很鲜美，所以用"鱼""羊"会意表示"鲜"，表示稀少的"鲜（xiǎn）"是"尟（xiǎn）"的假借字。

 羡，小篆作 𦏻 ，从羊从水从欠会意，"欠"是张着大口的人，"氵"表示流出的口水。羊肉鲜美，人见到之后就会流口水，用以表示想要得到。

—— 似是而非 ——

盖 盖（蓋），小篆作 盍，从艹盍（hé）声。

盍，小篆作 盍，"皿"中有水，其上要用"大"物覆盖，后来"大"和"丶"合成"去"形。"盍"后来假借为副词，是"何不"的合音。"蓋"是在"盍"上加"艹"，表示以草苫覆。后来"艹"和"去"形合并为"羊"形，其实与"羊"无关。

着著 二字无别，本作"著"，著，从艹者声，表示显露、突出、附着。"着"是"著"的俗字。上面并不是"羊"，而是"艹"与"者"字上部连写造成的讹误。

—— 节外生枝 ——

小

小，甲骨文作 𡭜，以散落细微的点表示微小。

少

少，甲骨文作 𡭔，同样是以散落的点表示微小，与"小"字同理。"羔"字从之；"省"字上部与"少"无关，是"生"的讹变，详见"省"字说解。

马是一种富有神韵的动物。当一匹马以稳健的脚力、轻盈的身姿，披散开长长的鬃毛，在绿色的原野上奔驰时，我们会由衷地赞叹造物的神奇。人类驯服了马用以坐乘，而马的神采，也一直吸引着人类。

—— 字形流变 ——

甲骨文	金文	小篆	隶书	楷书

甲骨文有多体，如 、 等，都是侧视的马，头、身、双足、尾、鬃俱全之形。

从金文可以看到，🐎 下部的五笔，应当是两腿占两笔，尾巴占三笔。小篆作 🐎，许慎在《说文解字》中认为五笔是四足一尾，这是不准确的。隶书作 馬，已经高度整齐化。简体的 马 字，是取了 馬 字的轮廓，这是简化字的一种方法。

---| 义项组词 |---

本义：骏马、驽马、龙马、马虎、马到成功、马首是瞻。

---| 字例概述 |---

"马"作偏旁，在妈（媽）、蚂（螞）、骂（罵）等字中作声旁，在驳（駁）、闯（闖）、骄（驕）等字中表义。

---| 趣字析义 |---

驳

驳（駁），甲骨文作 🐎，从马爻声，表示马色驳杂。

闯

闯（闖），小篆作 🐎，从门从马会意，表示猛冲直入。

冯

冯（馮），小篆作 🐎，从马仌（冰）声，读作 píng，本义表示马行迅疾，后来的用法除作姓氏外，常假借为"凭"。

羁

羁（羈），甲骨文作 🐎，"马"被绳索拘系，会意为羁绊。

骄

骄（驕），小篆作 🐎，从马乔声，本义是指六尺高的大马。高大雄壮，引申为骄傲。

惊

惊（驚），小篆作 🐎，从马敬声，同时也是会意字。敬，见"敬"字说解。

骗

骗（騙），从马扁声，本义是翻身上马，假借为"欺骗"义。

骚（騷），小篆作 ![字], 从马蚤声。马身有虱蚤之类的虫子，以手刷取之，本义是刷马，后来引申为扰动。

驯（馴），小篆作 ![字], 从马川声，本义是马驯服。"川"也是顺、训等字的声符，同时，"川"与"水"同源，都表示河流，流水通畅，故而有"通顺"的含义。

验（驗），小篆作 ![字], 从马佥声，本是一种马的名称，用作"验证"义是"譣"的假借字。

驭（馭），小篆作 ![字], 从马从又会意，本义是驾驭马匹。"又"是手的象形字。

驻（駐），小篆作 ![字], 从马主声，本义是马立止。"主"兼有表义作用。详见"节外生枝"。

──┤ 节外生枝 ├──

主，小篆作 ![字], 其中的"丶"音 zhǔ，是一盏灯的火焰，![字] 是灯台。"主"是"炷"的本字，表示灯芯的燃烧。"主"本身，和从"主"的字，比如：**柱、炷、驻、拄、蛀、注**等字，都有"定着于一点而发挥作用"的意思。

犬是人类最忠实的朋友，它们机警、忠诚，最早帮助人类狩猎、看家，后来又被训练作警犬和导盲犬。还有为数不少的种类，被驯化成各种宠物犬。

字形流变

甲骨文有 、 、 等形，都以瘦腹、卷尾为特征，按传统说法，大者为犬、小者为狗，后混同。甲骨文中很多动物的象形字，字形都是头、尾、身俱全的，区别在于腹部的肥瘦和尾巴的形状。

义项组词

① 本义：牧羊犬、警犬、猎犬、鸡犬不宁、犬牙交错。

② 谦称，微贱的：犬子、犬马之劳。

字例概述

"犬"用作偏旁，常写作"犭"，俗称"反犬旁"，或表示与狗有关的，如猎、狗、狂；或是表示兽类的义符，如猪、狼、狮（獅）、猩等。

—— ┤ 趣字解形 ├ ——

兽（獸）

| 甲骨文 | 金文 | 小篆 | 隶书 | 楷书 |

甲骨文作 或 。左边的 ，或于其下装一横隔作" "，即"干"，表示一端开叉的长柄捕兽工具，所以"干戈"之"干"得有武器义；为增进该工具的性能，初民在其上端缚以两片尖锐石刀，作 ；又在器身缚以重的石块，作 ，即"單"，所以"戰（战）"从"單"。"兽"下之口，疑是由金文"獸"的一体 演变来。"獸"右边的"犬"也是帮助狩猎的猎犬。所以，"獸"字是表示"狩猎"之"狩"的会意字。简体作"兽"，省掉了"犬"。

"獸"既作动词指打猎，又作名词指打猎所获。后来专作名词指打猎所获之"獸"；而动词的意思，另造形声字"狩"来代替。狩猎的对象是"獸"，则一切可供猎获之动物皆得称"獸"，与驯养之"畜"相对称。

—— ┤ 趣字析义 ├ ——

从犬

臭，甲骨文作 ，从 （自，鼻子的象形字）从犬会意。犬的鼻子最灵，所以用"臭"来表示犬嗅的动作，是"嗅"的本字，读作 xiù；又表示所嗅的气味。一字而兼有动词和动词的对象。后来"臭"表示气味的意义窄化，专指不好的气味，就是现在的"臭（chòu）"，又在原字上加"口"作"嗅"，来表示该动作和动作的对象。

吠

吠，甲骨文作 ，小篆作 ，从犬从口会意，表示狗叫。

伏，金文作 🐾，从人从犬会意，表示犬匍匐于地以听命于人。

哭，小篆作 🐾，从叩（xuān）从犬会意，或说"犬"本是一个捶胸顿足的人形，后来讹变成"犬"形。本义是出声号泣。

戾，小篆作 🐾，从户从犬会意，犬出户下，身体弯曲，所以用"戾"表示弯曲，又引申为违背。

莽，小篆作 🐾，从犬从茻会意，茻亦声，读作 mǎng。"茻"表示草原广阔，而"莽"本是猎狗在草原上奔跑，后来"莽"假借为"茻"。

器，金文作 🐾，从四"口"从犬会意，四个"口"是许多器物的象形字，以狗看守。

畎，小篆作 🐾，从田犬声。本指田间水沟，后代指田地。

献（獻），金文作 🐾，小篆作 🐾，从犬鬳（yàn）声，原义是以犬献祭，后引申为贡献。

厌（厭），金文作 🐾，由犬、口、月（肉）会意，表示吃饱，引申为满足。加"厂（hǎn）"的"厭"，从厂猒声，本来表示压，后来假借为"猒"，表示吃饱、满足、讨厌，本字则加"土"作"壓"，简化作"压"。

猷，与"犹（猶）"本同，后假借表示谋划、规则。

状，小篆作 🐾，从犬爿（qiáng）声，本来表示狗的样子，后泛指形状。

从犭

狄，甲骨文作 ，从犬从大会意，金文"大"讹作"火"。指我国北部的一个古代少数民族。

独（獨），小篆作 ，从犬蜀声，照《说文解字》的说法，犬性好斗，故宜独处。

犯，小篆作 ，从犬从 卩 会意，本义是狗来犯人，引申为侵犯。

获（獲），甲骨文用 表示，从隹从又会意，以手抓鸟，表示获得。小篆作 ，变成从犬蒦（huò）声的形声字，表示狩猎所得。古代早有"穫"字，表示农耕所得，但已经与"获"通用。写作"获"是草书楷化的结果，"穫"和"獲"归并为"获"。

狂，小篆作 ，从犬 坒（往）声，后来隶书省作"狂"。本来是指狗得了疯病。

狼、狈（狽）
两字都是从犬的形声字。狼很凶残，狈则比较聪明，传说狈似狼而前腿短后腿长，自己不能行走，只能是靠趴在狼的背上行动。"狼狈为奸"用来比喻坏人勾结起来为非作歹。而"狼狈"则形容困苦或受窘的样子。

犹（猶），小篆作 ，从犬酋声，本来表示一种猿，后假借表示好像、尚且等虚词。

狱（獄），小篆作 ，从二犬相争会意，本义指诉讼，引申为案件、牢狱。

──┤ 似非而是 ├──

敬

| 甲骨文 | 金文 | 小篆 | 隶书 | 楷书 |

甲骨文作 ，表示犬两耳上耸、蹲踞警惕的样子。金文中加了"口"，或者是汉字常见的"加繁"，或者是为了表示犬警惕吠咬，或者是为了突出其"警惕"的特性。金文还有一体，增加了"攵"，是为了突出其有动词用法，后发展为今形。

犮，小篆作 ，从犬从丿会意，去拉犬的腿，则犬一定会往回抽拉，所以是"拔"的本字。

尨，甲骨文作 ，从犬从彡会意，表示长毛狗。彡，详见第一册日部"彡"字说解。

类（類），从犬頪声，详见本册米部"类"字说解。

鸟是大自然中的歌唱家，像画眉、黄莺等，它们在林间呼朋引伴，千回百啭地唱着歌；它们也是舞蹈家，像仙鹤的亭亭静立，苍鹰的矫健盘旋，天鹅的高贵安详，大雁春来秋往，在万里征途上，排出各种队形，这些都是特别优美的画面。

—— 字形流变 ——

鸟（鳥）、乌（烏）、隹

甲骨文　金文　小篆　隶书　楷书

鸟（鳥），是象其全形的字，甲骨文有多体，代表性的如 🐦、🐦 等，象头、翼、足、尾俱全之形。金文 🐦，鸟头之下之五笔，分别是一翁（鸟颈毛）、二翼、二足。鸟头中间一点为目。简体 **鸟**，是取了"鳥"的轮廓。

"鸟"还有一个更古老的简体形式，即"**隹**"。甲骨文作 🐦，粗俱鸟形。

乌（烏），金文作 🐦 等体，省去"鳥"的眼睛部分，因为乌鸦色黑，目亦黑，浑然一体，不能区别。"鸟"小篆作 🐦，"乌"小篆作 🐦。简体也是取了"烏"的轮廓。

—— 义项组词 ——

本义：小鸟、鸟道、飞鸟、鸟尽弓藏。

---| 字例概述 |---

从"鸟"的字,与鸟类有关,例多理同,不一一列举。

从"隹"与从"鸟"同,在谁、唯、维、惟等字中,"隹"作声旁。

---| 趣字解形 |---

集（雧）

| 甲骨文 | 金文 | 小篆 | 隶书 | 楷书 |

甲骨文作 🐦，从隹从木会意，因为鸟多群居，故用鸟停于树表示集会。

旧（舊）

| 甲骨文 | 金文 | 小篆 | 隶书 | 楷书 |

甲骨文作 🦉，本是从 🦉（萑，huán）∪（臼）声的形声字，是猫头鹰一类有"毛角"的鸟，后来假借为"新旧（舊）"的"旧（舊）"。楷书或体作"舊"，下面的"旧"，是"臼"字左侧简写成"丨丨"，并与右侧的"彐"组合的结果。后来简体只取原字的下部，作"旧"。

离（離）

甲骨文	金文	小篆	隶书	楷书

甲骨文作 🦗 或 🦗，后者比前者多了手的象形 ㇋，更强调捕捉的意思，∀ 象网形，会意鸟遭受网罗之灾，所以"離"为"罹"的本字。后来 🦗 讹变为 🦗 或 🦗，"佳"写在一边，即小篆 雛。隶书作雛，也有作𨾙者。"离"与"禽"字形相近，是有原因的，详见"节外生枝"。

雏

雏（雛），甲骨文作 🦗，小篆作 雛，从佳刍（芻，音 chú）声，本义是幼鸟，后来泛指幼小的、初级的。

雌

雄

雌，小篆作 雌 ，从佳此声，本义指雌鸟，后来泛指雌性动物；

雄，小篆作 雄 ，从佳厷（gōng）声，本义指雄鸟，后来泛指雄性动物。比如《木兰诗》说：雄兔脚扑朔，雌兔眼迷离。双兔傍地走，安能辨我是雄雌。兔也可以说"雌雄"了。

雕

雕，又作"鵰"，其中"周"像在"凋""调"等字中一样，作声旁，而形旁从"佳"与从"鸟（鳥）"同。

雇

雇，甲骨文作 🦗，从佳户（戶）声，本义是指一种鸟，用作"雇佣"，是假借用法。

雊

雊（gòu），小篆作 雊 ，从佳句（gōu）声，表示野鸡的鸣叫声。

雈

雈，小篆作 雈 ，音 hè 或 hú，表示鸟上飞，要突破上面的限制，所以会意为飞得很高的鸟，是"鹤"的古字。

萑（huán），小篆作 ，从艹从隹，艹表示猫头鹰一类鸟的"毛角"。
雚（guàn），在甲骨文中用法与"萑"相同，应当是同一个字。

鸡（鷄、雞），从鸟或隹，奚声。又是"鸟"与"隹"同的例证。声旁"奚"后来简化成"又"，是纯粹的符号化简写。

雎鸠，两字分别是"且"声、"九"声的形声字，雎鸠是一种水鸟，《诗经》的开篇就写它：关关雎鸠，在河之洲。窈窕淑女，君子好逑。

难（難），小篆作 𩿧 或 𪁩，都是从隹𦰩声，本义是一种鸟，用作"困难"是假借用法。后来左边作符号化的简化，作"难"。

雀，甲骨文作 𥄉，从小从隹会意，表示小鸟。

隼（sǔn），小篆作 𠁥，在"隹"的竖画上加一笔横画组成，或说表示尾短。指凶猛的鸟类。

唯，小篆作 𫇭，从口隹声，本是应答之声，成语"唯唯诺诺"就是用的这个意思，表示"只是"是假借义。
虽（雖），金文作 𧐩，从虫唯声，本指一种"似蜥蜴而大"的小动物，后来假借表示"虽然、即使"义。简体省去了"隹"。

惟，小篆作 𢘠，从心隹声，本义是思考，表示"只是"，也是假借用法。

维，小篆作 𦃾，从糸隹声，本义是指车上系挽车盖的绳子，后来表示系物的绳索、动词拴系，以及事物的关键等义。

准（準），从水隼声，本义是平，引伸为标准。"准"是"準"的俗字，后来被简体采用。

只（隻），甲骨文作 ，但是用为"获（獲）"，金文仍之，小篆作 ，已用来表示"单一"，从手中只有一只鸟来会意。后来简体用本来表示语气词的"只"来代替。"只""乎""兮"等部分的两点，都表示气息舒出，来表示"语气"。

双（雙），小篆作 ，从手中有两只鸟来会意，简体虽然有两只手，可惜是两手空空了。

雅、鸦（鴉），二字本同，后来有了分化，"雅"被假借表示正、高雅，"鸦"仍然表示乌鸦。

雁，小篆作 ，从隹从人厂（ān、hǎn）声，按传统的说法，从"人"是因为古代士大夫婚礼要用雁为礼物，"雁"与人的关系很密切。"厂"下的"亻"与"隹"是两个字，不能只写一个"亻"，也不能写成"彳"。

雉，甲骨文作 ，从隹矢声，指野鸡。汉代吕后名"雉"，为了"避尊者讳"，无辜的"雉"就改名叫"野鸡"了。

────┤ 似是而非 ├────

截，小篆作 ，从戈雀声，本义是断。后来"雀"上"小"字简写成"十"，遂与裁、戴、栽、载等偶然形似，实际上并无关系。

────┤ 节外生枝 ├────

禽

甲骨文	金文	小篆	隶书	楷书

甲骨文作 ᠕，是捕鸟之网的象形字，卜辞用作擒获义。金文作 ᠕、᠕ ，加了 ᑎ（今）作声旁，变成形声字。"禽"兼有动词和名词的用法：作动词指"擒获"义，用作名词指所擒获的"飞鸟"，后来专门用作名词，其动词的意思另造"擒"来代替。"禽兽"都是古人猎取的对象。"禽"和"擒"的关系，与"獸"和"狩"的关系相同，见本册犬部"兽"字说解。

飞（飛），小篆作 ᠕ ，表示鸟的翅膀、脖子上毛都张开的样子，简体只取了上半部分。

翁，小篆作 ᠕ ，从羽公声，本义是指鸟颈上的羽毛，表示"老头"是假借用法。

燕子是春天的标志，它住近人家，在屋檐下垒巢，秋天飞去，春天飞来，认取旧巢，剪影成双，呢喃对语，被富有诗心的古人看在眼里，记在诗中。

字形流变

| 甲骨文 | 金文 | 小篆 | 隶书 | 楷书 |

甲骨文作 ，是象其口、首、双翼、背、尾全形的字。小篆作 ，其中廿为燕口、首之讹，与表示二十的"廿"无关。北为双翼，与"北"无关。火为燕尾，与"火"无关。燕尾先讹为"火"，后变形为"灬"，与它尾形相同的鱼也是如此。

义项组词

① 本义：春燕、双燕、燕泥、离亭燕、莺莺燕燕。

② 安乐：燕昵、燕安。

③ 音 yān，国名、地名，在今河北北部、辽宁南部：燕京、燕山。

鸟在天空翱翔，而鱼在水中悠游，它们都是自由的意象。
有一副很通俗的对联，"海阔从鱼跃，天高任鸟飞"，
是祝愿前途远大，能够充分施展才能的意思。

字形流变

甲骨文	金文	小篆	隶书	楷书

甲骨文作 ⿂、⿂ 等体，象嘴、身、鳞、鳍、尾之全形。后来鱼尾讹作 火，隶书写作"灬"，其实与火无关。简体作"鱼"，下面的鱼尾省写为一横了。鱼的尖嘴，字符用 ⺈ 表示，"角"字上面的"⺈"同样表示很尖。

义项组词

① 本义：金鱼、鲤鱼、鲨鱼、鱼鳞、鱼贯而入、鱼龙混杂。

② 某些并非鱼类的水生动物的泛称：鲸鱼、鳄鱼、甲鱼、娃娃鱼。

③ "渔"的古字。

┤ 字例概述 ├

从"鱼"的字，多是与鱼有关的形声字，如鲤、鲢、鲸、鳃、鳖、鳘等。还有一些是会意字的
构成部分，如稣、鲜等。

───┤ 趣字解形 ├───

鳏

鳏（guān），金文作 🐟，从鱼眔（现音 dà）声，本指一种大鱼，假借表示无
妻或丧妻的男子。

鲸

鲸，小篆作 🐟，从鱼京声。"京"表示大，兼有表义作用。鲸是世界上最大的动物，
这也是它被中国人称为"鲸"的原因。"京"何以有大的含义？详见"节外生枝"。

鲁

鲁（魯），甲骨文作 🐟，表示鱼在器皿中或坎中，会意为嘉善，后作地名。金
文作 🐟 或 🐟，小篆作 🐟，隶书作 **魯**，楷书作 **鲁**，鱼尾四点简写为一横，即
得今形。

鲜

鲜（鮮），金文作 🐟，以食味最浓的鱼、羊会意。

───┤ 似非而是 ├───

冓

冓（gòu），甲骨文作 🐟，象两鱼相遇之形。或作 🐟、🐟，从彳 或辵，强调行
进当中相遇。以之为声旁的**构（構）**、**遘**、**媾**、**觏（覯）**、**沟（溝）**等字，皆
有两方相遇之意。

爯（chēng），甲骨文作 🐟，从爪从 🐟（鱼）会意，以手提鱼，表示提举，后
来用"称（稱）"来代替，"称量"也需要"提举"。

——| 节外生枝 |——

角

甲骨文作 𢃟 ，象角之形，有角尖，还有角上的花纹。字形虽然像"鱼"，但与"鱼"没有关系。

衡，小篆作 𢎑 ，从角从大行声，牛角易触人，所以横大木以作防备，古文多用为"横"字。

京

甲骨文作 𠅘 、 𠅘 ，古人穴居，"京"字表示人穴居形。 𠆢 表示穴上的屋顶和上下的阶梯，表示垒起的高丘，丨表示支撑的柱子。故"京"有高、大义，高、亭、亮等字也有同样的结构。周人用"京"指国家首都，是指建筑高大之义。京泽、京观、京丘，用的都是这个意思。故最大的"鱼"古人称为"鲸"。

贝类色泽绚丽，古人曾经把它用为货币。沙粒被它身体的组织包裹后，会变成晶莹剔透的珍珠，这也是大自然的奇妙之处。

字形流变

| 甲骨文 | 金文 | 小篆 | 隶书 | 楷书 |

甲骨文作 、 、 等，象两扇紧合的贝形，字形据此演变。两扇贝壳连接的地方的两点逐渐变大，到金文 时成为显著的两笔。简体的"贝"字，是取原字轮廓。

义项组词

① 本义：贝壳、扇贝、齿如编贝（美人牙色白而整齐）。

② 古代用作货币，故有珍贵义：贝货、宝贝。

字例概述

古代用贝作货币，故从"贝"之字，多是与财货有关的形声字，如宝（寶）、财（財）、赐（賜）、货（貨）等。

—————— | 趣字解形 | ——————

败（敗），甲骨文作𦣻，从贝从攵（pū）会意，以手持棒，敲打贝壳，表示毁坏。

赐（賜），小篆作賜，从贝易声，"易"兼表义。"易"有表示给予的意思，详见第一册"易"字说解。以"贝"予人为"赐"，以"金（铜）"予人为"锡"。古代这两个字经常通用。后来"锡"专指一种有色金属。

贰（貳），金文作𢎥，小篆作貳，从贝弍声。而"弍"，是在数字"二"上加"弋"形成的，有人说是因为"一"上加了声旁"弋"，成为"弌"字，所以"二"和"三"顺带加"弋"；也有人说，加"弋"是为了使"一""二""三"这几个笔画太简单而容易被改动的数字笔画增多，不易被改动。在"弍"下加"贝"，应当是同样的道理。后来，"贰"引申为"副的""一分为二""背离"，还作为"二"的大写形式。

负（負），小篆作負，从人从贝会意，人守贝，表示有所凭恃，又表示背负、亏欠。

贯（貫），甲骨文本字作毌，表示贯穿。小篆作貫，从贝毌声，表示串钱为贯，同时兼并了"毌"字。

贵（貴），小篆作貴，从贝臾（guì）声。照《说文解字》的解释，"臾"是"蒉"的古字，是草编器物的象形字。

贺（賀），小篆作賀，从贝加声，是以礼物相庆祝的意思。

货（貨），小篆作貨，从贝化声，本义是钱财，后指货物。

贾（賈），小篆作賈，从贝而（现音 yà），有三个读音，分别是：jiǎ，作姓氏；gǔ，表示作买卖、商人；jià，同"价（價）"。

贱（賤），小篆作 🔲，从贝戋（戋）声，戋亦表义。"贱"的本义是指价格低。从戋（戋）之字，如**浅、钱、残**，都含有细小义，浅为水小，钱为金小，残为骨小，这是北宋科学家沈括在《梦溪笔谈》中所记录的"右文"现象。此外**线、盏、栈**等字，线为细缕，盏为小杯，栈为简易房屋等，也都有"小"的意思。

赖（賴），小篆作 🔲，从贝剌声，"贝"上是"刀"，讹作了"ク"。本义是赢利，引申为依靠。又表示赖账，并引申为不讲道理。

贫（貧），小篆作 🔲，从贝从分会意，分亦声。把"贝""分"了，当然会"贫"。

赛（賽），小篆作 🔲，从贝塞省声，本义是行祭礼以酬神，后指以钱财赌赛，引申为比试、胜过。

贪（貪），小篆作 🔲，从贝今声，只是因为古今读音的不同，"贪"作为形声字已经不明显了。

贤（賢），金文作 🔲，从贝臤（qiān）声，本义为多财，又古谓以财分人为"贤"，引申为有德行，有才能。
从"臤"的字，如**贤（賢）**，表示财多；**紧（緊）**，表示线多；**坚（堅）**，表示土多。这几个字当中，"臤"也有表义的作用。

贻（貽），小篆作 🔲，从贝台（yí）声，表示赠送。
台，小篆作 🔲，从口吕（音义同"以"）声，与"高臺"的"臺"并不是一个字。"台"字的另一读音 tái，只在表示星名"三台"时作此读音，后来"三台"指辅助国君掌管军政大权的最高官员——太师、太傅、太保，现在汉语中的"兄台""台鉴"等，还是用的这个意思，不能写作"臺"。

赞（贊），小篆作 🔲，从贝从兟（shēn）会意，"兟"表示锐意进取，"赞"的本义是执贝进见；进见则有人襄助成礼，所以"赞"又有"助"意；引申有称扬的含义。

责（責），见本册禾部"责"字说解。

 贼（賊），金文作，从戈从则会意，则亦声，本义是残害，表示犯罪，古代指"强盗"，今义为"偷窃"，"贼"与"盗"的古今意义，正好发生了对转。

 质（質），小篆作，从所从贝会意，本义是抵押，引申而有"朴素"义。

 贮（貯），金文作，从贝从宁（zhù）会意，宁亦表声。"宁"是仓库的象形字，上部与下部当中有空间来储物。

 赘（贅），小篆作，从敖从贝会意，表示以物来抵押钱。"敖"由"出""放"会意。所以"敖"与"放"同义。

 得，甲骨文作，从彳（又）持（贝）会意，表示有所获得。见第一册"得"字说解。

—— 似是而非 ——

员（員）、贞（貞）、则（則）、具等，从"鼎"不从"贝"，详见第三册鼎部本字说解。

并不是所有的人都喜欢虫子。但我们与其他生物一起生活在这个星球上，都对环境有所贡献。其实我们也不过是一种"虫子"，古人就把"人"叫做"裸虫"——没有毛、鳞、甲的虫子而已。

甲骨文作 ，与"它"同字，是"虺"的本字，本是蛇的象形，读作 huǐ。而现在的"虫"字，

最早见于小篆，作 蟲，象群虫之形，一般指昆虫，也泛指各种动物，用作部首，简写作"虫"，很早就替代了"蟲"字，后为简体所采用。

┤ 义项组词 ├

① 本义：昆虫、花鸟鱼虫、雕虫小技、百足之虫，死而不僵。
② 泛指各种动物：大虫（老虎）、长虫（蛇）；毛虫（兽类）、鳞虫（鱼类）、介虫（有甲壳的爬行动物）、裸虫（人类）。

┤ 字例概述 ├

从"虫"的字，多与"蛇"和"虫"有关，如蛇、虺、蟒；蝇、蜂、蛙，等等。

┤ 趣字析义 ├

蚰 蚰，小篆作 𧑙，从二虫会意，是"昆虫"之"昆"的本字，后来假借为"昆"。

┤ 似非而是 ├

它

甲骨文	金文	小篆	隶书	楷书

甲骨文作 𦥑，也是蛇的象形字，金文作了简化，后来演变为 它 。

┤ 似是而非 ├

风 风（風），其中的"虫"本是凤鸟圆形尾羽毛片的讹误，详见本章"凤"字说解。

老鼠也是不讨我们喜欢的动物，它们偷吃粮食，啃坏器物，从文字上就能看出来它们鬼鬼祟祟的样子。

字形流变

| 甲骨文 | 金文 | 小篆 | 隶书 | 楷书 |

战国金文作 𝕴， 𝖁 表示老鼠张口露齿，代表鼠作为啮齿类动物的特点；𝖂 象鼠抱爪、长尾之形。

义项组词

① 本义：老鼠、袋鼠、投鼠忌器、抱头鼠窜、过街老鼠人人喊打。

② 像老鼠的，比喻鄙陋、短浅、猥琐、狭隘：贼眉鼠眼、鼠肚鸡肠、鼠目寸光。

字例概述

从"鼠"之字，都跟鼠有关，如窜（竄）、鼯、鼹、鼴、鼬，等等。

虎是百兽之王，健壮凶猛，威风凛凛，尤其以"大口"为突出特点。

甲骨文	金文	小篆	隶书	楷书

虎区别于其他野兽的一个特点，就是大口利齿和身上的斑纹。"虎"的甲骨文作 𧇾，正表现了这一特点。或体稍简，作 𧇜。身体作线条化处理，突出了它的嘴和爪牙。金文作 𧇂，还保留着相当程度的图画性。小篆作 𧇒，符号化的程度已经很高，但是图画到符号各个部分的对应，我们仍然能够看得出来，可见虎耳的外边缘已经不再与头连接成一笔，大嘴的形状也已经很不明显，尤其是后肢与尾巴已经连在一起而脱离了虎身，与"人"字小篆极像了。隶书作 肃，已经高度符号化，很难找到与"虎"身体各部分的对应。楷书作 虎，已经找不到老虎的影子了。

—— 义项组词 ——

① 本义：老虎、狐假虎威、虎虎生威、龙腾虎跃。

② 像虎一样凶猛的：虎威、虎将、虎狼之心、壁虎。

┤ 字例概述 ├

从"虎"之字,多与"虎"有关,或用作声旁,如唬、琥、彪、虤、號、饕。作偏旁又常省作"虍"。虍(hū),是"虎"的省写。以"虍"作偏旁的字,常与虎有关,或用作声旁。

──┤ 趣字析义 ├──

处（處），金文作（图），从处虎声；小篆减省为（图），从处虍声。"夂"从倒"止"表示"足"，"几"是古人凭靠的器具，是"茶几"的"几"。"处"表示凭几止息，所以有"停留"的意思。

豦（jù），金文作（图），小篆作（图），从虍从豕会意，以虎豕相斗表示剧烈。表示匆忙的"遽"、表示激烈的"劇（剧）"等字从之。

虏（虜），小篆作（图），从毋从力虍声的形声字，"毋"是"贯"的本字，表贯穿义，用绳索拘捕贯穿，所以表示俘虏。

虑（慮），小篆作（图），从思虍声，简体省"思"为"心"了。

虐，小篆作（图），从虍从爪从人会意，表示虎爪伤人，后来省去了"人"，虎是虐它而不自虐，所以下面的虎爪不能朝内而要朝外。

虔（qián），金文作（图），从虍文声，本义是虎行走的样子，假借作"虔诚"义。

虚，小篆作（图），从丘虍声，"业"是"丘"的形变，本义是大丘。

虞（yú），金文作（图），从虍吴声。本义为驺虞，一种黑色花纹的白虎。后来多使用其假借义，含义较多，如预料；忧虑；防范；期待；欺骗；以及掌管山泽的官员等。

"豕"就是"猪"，不过"豕"是象形字，而"猪"
是形声字。"马牛羊，鸡犬豕，此六畜，人所饲"，
六畜各有所用，"豕"则是专门用来吃肉的。这从"豕"
字甲骨文字形的"大腹"就可以看出来。

─── 字形流变 ───

| 甲骨文 | 金文 | 小篆 | 隶书 | 楷书 |

甲骨文作𧰧，象长吻、大腹、垂尾的猪形。长吻后来处理成横画，遂演作今形。

─── 字例概述 ───

以"豕"作偏旁的字，都跟"猪"有关。

─── 趣字解形 ───

豕（chù），小篆作𧰧，从豕从丶会意，表示豕被绊足，行动艰难，在啄、逐、琢、家等字中作声旁。

豪，籀文作𧰧，从豕高声，后从高省声。本义是豪猪。豪猪身上有长而硬的毛，故"豪"又指长的毛，俗字作"毫"。豪毛末端尖细，故以"毫末"来指微不足道的事物。表示"豪杰"，是假借义。

豢（huàn），小篆作𧰧，从豕𢇨（juàn）省声，表示以谷物圈养牲畜。用于说人，则表示贬义。

圂（hùn），小篆作𧰧，同"溷"，指猪栏、厕所和堆垃圾的地方。笔者幼时，农家的猪栏，亦用作厕所，同是也是垃圾集中处。人的粪便和生活垃圾，经过猪的踩踏与粪土混合，发酵之后，便是极好的有机肥，春来便施到田里。

家，详见第三册宀部"家"字说解。

虑，详见本章虎部"虑"字说解。

冡，小篆作，从冃从豕会意，以物覆豕，会意为覆盖。冃音 mǎo，在冂下有一，是表示覆盖的指事字，"同"字从之。

同，《说文解字》小篆作，以为从冃从口会意。"口"表示器物，以盖覆物，则盖与物合而为一，是为"同"。实则甲骨文作，从凡从口，来源未明。

彖（tuàn），小篆作。本指豕类动物，用为《易经》里的"彖辞"是假借义。在篆、椽、缘、喙等字中用作声旁。

豚，甲骨文作，从夕（"肉"的简形，"多"字从之）从豕会意，本义是小猪，后泛指猪，在"遁（遯）"字中用作声旁。

逐，甲骨文作，从豕从止会意，表示在追赶一头猪。成语"狼突豕奔"，就表现出猪"善奔"的这一特点。金文作，比甲骨文加了"彳"；小篆作，"彳"和"止"组合成"辵"；隶书作，"辵"渐简化为"辶"；楷书作逐。

在汉字当中，表示行动的字符，有"止""行""彳""辵（彳 + 止）"后简化为"辶"。

似非而是

彘（zhì），甲骨文作，从豕从矢会意，"矢"亦表声。"豕"是野猪，性情凶猛而力大，人力通常难以制服，所以要以"矢"射得。小篆作，其上的"彑"，表示豕的长吻，与"彖"上部同义，下面的"比"，是两蹄的象形，与"鹿"的下部同义。

"龙"是传说中一种神圣的动物，据说它有"九似"："角似鹿、头似驼、眼似兔、项似蛇、腹似蜃、鳞似鱼、爪似鹰、掌似虎、耳似牛"，是多种动物集合而成的一种神物，是刚健不屈的象征。

—— 字形流变 ——

甲骨文	金文	小篆	隶书	楷书
				龍

龙，甲骨文作 ，上部的 与凤的甲骨文同，也许同是为表现其神圣性的冠饰。 象巨口长身的龙的身体。金文作 、 等，与甲骨文形似而口中有齿。小篆作 ，左边是冠饰与嘴组成，下面的嘴讹变成了"月"，右边是身体加上装饰。隶书作 龍，楷书作龍。简体作龙。

—— 字例概述 ——

从"龙"的字，多用作纯粹的声旁，如聋（聾）、胧（朧）等；或兼有表义作用，如表示聚拢义，如笼（籠）、拢（攏）、宠（寵）等；表示隆起义，有陇（隴）、垄（壟）等。

凤是传统文化当中一种非常祥瑞的鸟类，常与"龙"并称，如"龙凤呈祥"。

凤（鳳）、风（風）

甲骨文	金文	小篆	隶书	楷书

"凤"或说原型为孔雀（金祥恒说）字有多体，较有代表性的有 ⿰、⿰、⿰，象头上有冠、尾饰长而华美的凤鸟之形，最后一体右上角是作为声旁的"凡"字。小篆作 ⿰，声旁"凡"写在了上部，其余简写为"鸟（鳥）"。隶书作 ⿰，后来里面的部分作了纯粹符号化的简化，作"凤"。

"风"无形无迹，难以造字，甲骨文假借"鳳"为"风（風）"。甲骨文"凤"字或作 ⿰，下面的 ⿰，是凤尾的圆形尾羽毛片。古文"凤"字或体取声旁"凡"和圆形羽毛组成 ⿰，再省略就得到楚帛书的 ⿰，下面酷似小篆的"虫（⿰）"。《说文》小篆作 ⿰，故隶书作 ⿰，楷书作 ⿰，作纯粹符号化的简化之后，作"风"。在一些书法作品中，"风"还常写作"凬"，其中"日"是由圆形毛片变来的。

鹿也是一种富有灵性的动物。在神话传说当中，经常作为神仙的坐骑出现。在绘画作品当中，鹿也是祥瑞的代表。在射猎当中，可怜的鹿经常是猎手追逐的对象，后来我们把多方势力争夺权力，也称作"群雄逐鹿"。

—— 字形流变 ——

| 甲骨文 | 金文 | 小篆 | 隶书 | 楷书 |

甲骨文作 ，活脱一只轻盈矫健的鹿的侧视图，金文作 ，或体作 。小篆作 ，虽然已经高度符号化，还是能与鹿的形状一一对应，只是表示脖子的线条已经不与身体连接，角和头部的线条也更整齐化、符号化了。

—— 字例概述 ——

从"鹿"的字，多与鹿有关，如尘（麈）、麒、麟、麝、麂等；或只取作声旁，如麓、辘（辘）、麓，等等。

龜

"龟"在我们的传统文化当中，是祥瑞和长寿的象征。

字形流变

甲骨文	金文	小篆	隶书	楷书

甲骨文作 🐢 或 🐢，是一只乌龟的侧视或俯视图，非常生动。金文为俯视图作 🐢。小篆为侧视图，作 🐢。简体作"龟"，当是从其侧视之形简化而来。

字例概述

"龟"常作形旁，如鳖（鼈）；另读 qiū，西域古国龟兹，读作 qiū cí。"龟"或作声旁，如秋（穐）、阄（鬮），等等。

大象是陆地上最大的动物，长鼻长牙大耳。上古时候，气候温暖，大象曾广泛分布于我国黄河流域。虽然现在由于气候的变迁，北方已经见不到大象了，但它们古老的踪迹却留在了我们的文字当中。

字形流变

甲骨文	金文	小篆	隶书	楷书

甲骨文作 、 等体，都突出了象鼻很长的特点。金文作 ，小篆作 ，长鼻符号化，身体用单线表示，下面分别是两笔代表腿，三笔代表尾巴。

"象"是陆地上最大的动物，古人对它这样大的体量印象深刻，故以"象"来代称一切形象、景象、印象，引申为模拟，如"象形""象声"。后来在"象"边加"亻"作"像"，专指人的样貌。有关于人事的文字，通常在本字上加"人"旁来强化，比如"侵""傑""雁""俱""债""伯"，等等。

字例概述

"象"或作声旁，如像、橡，等等；或用于表义，如豫等。

---| 趣字析义 |---

豫，小篆作 ᪭ ，从象予声，本义是象之大者。古代气候温暖，北方地区也有象的活动，所以"豫"成为河南的简称；"象之大者"，行动也更加迟缓，所以"豫"又引申为平稳、安泰。或假借为"娱"或"预"。

---| 似非而是 |---

为（爲）

| 甲骨文 | 金文 | 小篆 | 隶书 | 楷书 |

甲骨文作 ᪭ ，从 ﹖（又）从 ᪭（象）会意，表示以手牵象以助劳作，故有"做事"的含义。金文有多体，典型者如 ᪭、᪭ ，还能见出本字原义。战国秦的石鼓文（大篆）作 ᪭ ，小篆作 ᪭ ，隶书作 爲 ，楷书二体，作 爲、为 。

使用甲骨文的殷人，很早就驯服了大象用于战争和劳动。《吕氏春秋》就曾记载："商人服象，为虐于东夷。"

---| 似是而非 |---

兔，字与"象"字很类似，但最初差别很大。甲骨文有多体，以突出其作为啮齿类动物的尖牙和短尾的一体 ᪭ 最有代表性。小篆作 ᪭ ，上面的 ᪭ ，应当是牙齿的变形，右下的短笔象其短尾。楷书作 兔 。兔善奔，所以"逸"字以"兔"和"辶（辵）"会意。

"龟""象""兔"三字上部写法相同，但"龟"上表示其尖头，"象"上表示其长鼻，"兔"上表示其尖牙，来源并不相同。

第二册检字表

3

字课日日新

池玉玺 编著

器用

知识产权出版社

图书在版编目（CIP）数据

字课日日新. 3 / 池玉玺编著. — 北京：知识产权出版社，2018.1

ISBN 978-7-5130-5272-6

Ⅰ.①字… Ⅱ.①池… Ⅲ.①识字课—小学—教学参考资料 Ⅳ.①G624.223

中国版本图书馆CIP数据核字（2017）第278402号

内容提要

本书以字形为切入点，选取了1000余个有代表性的常用汉字，介绍其字形演变、字义来源，并以基础汉字为纲，略述其他相关汉字。按内容分为天文、气象、地理、植物、动物、器用、器官、手足、姿态九大类。旨在使初学汉字者明了汉字字形的道理，了解汉字的基本常识，并获得汉字学习、书写的趣味。

责任编辑: 龙　文　　　　　责任校对: 王　岩

装帧设计: 品　序　　　　　责任出版: 刘译文

字课日日新. 3

Zike Ririxin. San

池玉玺　编著

出版发行: 知识产权出版社有限责任公司	网　　址: http://www.ipph.cn
社　　址: 北京市海淀区气象路50号院	邮　　编: 100081
责编电话: 010-82000860 转 8123	责编邮箱: longwen@cnipr.com
发行电话: 010-82000860 转 8101/8102	发行传真: 010-82000893/82005070/82000270
印　　刷: 北京科信印刷有限公司	经　　销: 各大网上书店、新华书店及相关销售网点
开　　本: 720mm×1000mm 1/16	总 印 张: 23.75
版　　次: 2018年1月第1版	印　　次: 2018年1月第1次印刷
总 字 数: 350千字	总 定 价: 120.00元（全五册）

ISBN 978-7-5130-5272-6

第三册目录

第六章　器用

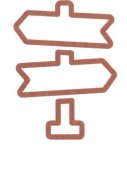

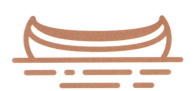

第六章

器用

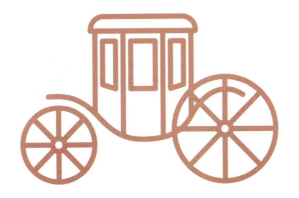

人类用自己的胆识和智慧发现了火。自从会用火之后，人类能在寒冷潮湿的天气里取暖，在黑暗的环境中照明，吓退野兽，还吃上了熟食，更加卫生，更容易吸收营养，身体也更加健壮。

<hr />

── 字形流变 ──

甲骨文	金文	小篆	隶书	楷书

甲骨文作 ，象火焰上腾之形，或作 ，其两点或解为烟，或解为火星，是现在"火"字的直接来源。

---| 义项组词 |---

① 本义：火焰、火花、火灾。

② 灯光：灯火、渔火、万家灯火、灯火通明。

③ 紧急：火速、十万火急。

④ 热烈，境况好：红红火火。

⑤ 指枪炮弹药等：火药、火炮、开火。

⑥ 发怒，怒气：发火、脾气火暴。

⑦ 中医指发炎、红肿、烦躁等的病因：肝火、毒火攻心。

⑧ 形容像火一样的红色：火红、火腿。

---| 字例概述 |---

以"火"为偏旁的字，都与火有关，多是形声字。作偏旁或径写作"火"，如焚、秋等字；或最后一笔的捺变成"丶"，如灯（燈）、炸等；写在字的下部时，为了避免字形过长，或写成"灬"，这是因为"火"由四笔组成，所以简化成四点，俗称"四点底"如烹、煎、热、熟、煮等。

---| 趣字析义 |---

从"火"

爨，见第四册臼部"爨"字说解。

烦（煩），小篆作 ，从火从页会意，"页"表示头，详见第四册本字说解。热头痛为"烦"，引申为烦躁。

焚，甲骨文作 ，从火从林会意，表示焚烧。

耿，小篆作 ，或说从耳烓（wēi）省声，表示耳贴于颊，表示"光明"是假借义；或说从火聖省声，表示光明。

灰，小篆作 ，从火从又会意，表示火已经灭了，可以用手去拿。

伙，本只作"火"，古时兵制，十人共一灶做饭，称为"火伴"，后来加"亻"强化与人事相关，作"伙伴"。

灸，小篆作 ，从火久声，本义是灼烤，后来专指中医的一种用艾火灼烤的治疗方法。

"灸"的本字是"久"，有学者认为，"久"本身是带柄的烙铁的象形字，灼烧的烙印长期不会磨灭，所以表示"久"。"灸"是增加了义符"火"，来强化"灼烧"的含义。

灵，本义是"微温"，应是从又（手）从火会意。后来作为"靈"的俗字使用，是同音假借，古已有之，简体字用"灵"代"靈"。

靈，从巫霝（líng）声，能降神的巫为"靈"，后来以"神灵"并称。

灭（滅），小篆作 ，从水威声，简体字从一从火会意，表示"灭"。

秋，见第二册禾部"秋"字说解。

炙，见第二册月部"炙"字说解。

炎，金文作 ，从二火会意，表示火焰升腾。

荧（熒），见第二册草部"荧"字说解。

煜，小篆作 ，从火昱声，表示光明，所以南唐李后主名叫"李煜"，而字叫"重光"。

灾，甲骨文作 ，从宀从火会意，后来楷书作"灾"。

从"灬"

点（點），小篆作，从黑占声，本义是小黑点。孔子的学生、曾子的父亲，姓曾名点，字皙，名为"黑点"，字为"白皙"，这是古人名与字含义相反的一个例子。

黑，小篆作 𤆍，《说文解字》解释为"从炎上出囧"，是"囧""囱"的古字，是炉灶出烟的通路。后来上面的"火"讹变成了"土"形，隶书作 黑 ，楷书作 黑 。笔者幼时，乡间的厨房都是没有烟囱的，留了墙洞出烟，熏得整个屋子都漆黑一片。

熏，金文作 𤎥，小篆作 𤎤，从黑从屮会意，表示烟从烟囱冒出。从"屮"，是以草的生长表示冒出。

然，小篆作 𤓪，从火狀（rán）声，是"燃"的本字，隶书作 然 ，下面已经成为"灬"。后来"然"字被假借用作代词；或者助词，用于形容词或副词的词尾；以及语气词，所以又造了"燃"字来代替"然"作燃烧意，"燃"字当中有两个"火"。

———— | 似非而是 | ————

光

甲骨文	金文	小篆	隶书	楷书

甲骨文作 𤇾 ，从火从人会意，人举火于上，表示光明。

赤

| 甲骨文 | 金文 | 小篆 | 隶书 | 楷书 |

甲骨文作 🔥，从 ᚁ（大）从 ᨒ（火）会意，或说人映火而呈红色，或说大火呈现红色。隶书作 赤，火上的"大"，讹作"土"。下面的"火"字写作"灬"。"赤"字古文作 ⅏，从炎从土会义。

票，小篆作 🔥，上面表示两手举物，下面的"灭"其实是"火"的古字。本为会意字，表示火飞，引申为轻小、迅疾之义。以其为声旁的字，也都有轻小、迅疾的意思，如**飘、漂、骠、剽、瓢、嫖**，等等。隶书上面部分符号化为"覀"，下面讹变成了"**示**"，遂成今形。

尉，小篆作 🔥，"尸"并不是尸体，而是熨斗的象形字，"示"是"火"的变体，"寸"即手。以手持熨斗，在火上使之变热，用作医疗，有"烤电"的理疗作用，即《扁鹊见蔡桓公》当中"疾在腠理，汤熨之所及也"的"汤熨"。"尉"后来假借表示军队中的职位，如"校尉"，于是在又加了"火"字，表示其原来的意思。

"汤熨"使病痛部位发热，以疏通淤滞，缓解痛楚，所以"安慰"的"慰"字中，"尉"既作声旁，又有表义作用。

——— **似是而非** ———

鱼（魚）、**燕**两字下面分别是鱼尾和燕尾形，小篆一同讹变为 灬，隶变又与"火"一样，讹变成了"灬"。

羔，下面的"灬"是"少（小）"讹变的结果，详见第二册羊部羔字本义说解。

最初的人类，在天地之间，风吹日晒雨淋，酷热严寒，
都无从寻找庇护。他们选择了山洞，但山洞阴暗潮湿，
有蛇蝎毒虫，并不是理想的居所。随着智慧的发展，
工具的改进，他们终于学会了营造房屋。

―――― 字形流变 ――――

宀（mián），甲骨文作 ∧，象屋庐侧视形，是"屋庐"之"庐"的本字，假借为数字即"六"，
之后另造形声字"庐（廬）"代替，"庐"是指野外的简陋房舍。因为"宝"字以"宀"为部首，
又写在该字的最上部，所以"宀"俗称"宝盖"或"宝盖头"。

甲骨文	金文	小篆	隶书	楷书

广（yǎn），甲骨文作 ⋀，⋀（宀）是完整的屋舍，拿去一面墙，是半封闭的结构，这就是 ⋀（广）。二者作为部首同义。"广"现在作为"廣"的简体，所以"广"俗称"广字头"。

—— 字例概述 ——

从"广"的字，都与屋舍有关；在简体字中，"广"常省作"厂（ān 或 hàn）"。从"广"与从"厂"同，如厕（廁）、厦（廈）、厅（廳）等。

—— 趣字解形 ——

从"宀"

安

甲骨文	金文	小篆	隶书	楷书

甲骨文作 ⋀，从女在宀下会意，表示安静、安全。

宝（寶）

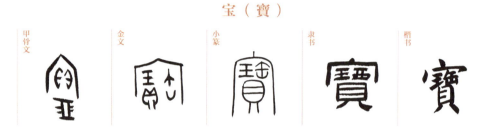

甲骨文	金文	小篆	隶书	楷书

甲骨文作 ⋀，从宀从珏从贝会意，表示在室中珍藏玉、贝等珍贵的东西。金文加了上杵下臼的"缶"字作为声旁，遂成今形。简体省作"宝"，大意未失。

宾（賓）

甲骨文作**閏**、**閏**，从宀从女或卩从止会意，女、卩，都是跪坐的人形，含义与"人"无别。人在居室之中迎接来宾。金文改为**閏**，从宀（与"宀"同）从人从贝会意，"贝"是敬人之物，《诗经·小雅·菁菁者莪》："既见君子，锡我百朋。"五贝为一串，两串为一"朋"，分明是以"贝"赐宾了。小篆作**賓**，从宀从止从贝会意，把前几种字义作了整合，含义无别。隶书作**賓**，上面的**卩**是"止"的变体；楷书作**賓**。简体作"宾"，变成了从宀兵声的形声字。

定

甲骨文作**窅**，从宀从正会意，"正"亦声，表示安稳。

富

甲骨文作**窅**，从宀从畐会意，表示富足，畐亦声。

"畐"音 fú 或 bì，甲骨文作**畐**等，是酒器的象形字。以酒祭神，祈求降福，故甲骨文用为"福"字，或体加"示"作**福**等。又古代生产低下，粮食产量低，在生活必需的量之外，尚有余粮酿酒，必是富足之家，所以用"宀"与"畐"会意为"富裕"。

寒

甲骨文	金文	小篆	隶书	楷书

金文作 ，从 ∩（宀）从四个 Ψ（屮）从人，从 ＝（仌即冰）会意，有的在"人"下加 ﹁（止），表示"人"在"宀"下，拥草履冰，所以有"寒冷"的意思。小篆作 ，隶书把笔画整合，作 寒 ，四个"屮"符号化为 艹 形，"人"字分开写在下部， ＝ 变成"两点水"。

骞、謇、蹇，三字分别是从马、从言、从足，寒省声的形声字。

家

甲骨文	金文	小篆	隶书	楷书

甲骨文作  ，或说从宀从豕会意，表示上面是屋室，下面养猪，在南方一些卫生条件不好的地方，还保留着这样的遗存；或依《说文解字》所说，"家"是"从宀从豭省声"。也就是说"家"本是从宀豭声的形声字，但"豭"字太复杂，就只取其"豕"来代替整个字，这就是"省声"。在甲骨文"家"的有些字当中，比如  ，"宀"下的"豕"能明显看出是"公猪"，而"豭"恰恰也是表示"公猪"，可以作为一种证据。

宿

甲骨文	金文	小篆	隶书	楷书

甲骨文作 、 、  ，最后一体，从宀从人从 日 会意，表示人在屋庐之下躺在席子上住宿。 日 象有纹的席形，隶书作宿。本是席子的 日 讹变为"百"，与数字"百"无关。

—— | 趣字析义 | ——

察，小篆作 ，从宀祭声，祭兼有表义作用，祭祀必须细察。

宕，甲骨文作 ，《说文解字》认为是"从宀砀省声"，表示"通过"。

宫，甲骨文作 ，从宀从吕会意，"吕"象居室屋顶所开窗口，本是居室的通称，秦汉以后才专指帝王的居所。

官，甲骨文作 ，从宀从𠂤（zhuī）会意，𠂤象高地之形，《甲骨文字典》认为"官"表示建屋于高地，是"馆"的本字，后引申为职官。

寡，金文作 ，从宀从页会意。"页"是夸大了头部的人形，通常与"首"意义相同，指人的头部，在这里代指"人"。"宀"下之"人"，表示独居者，古代丧妻丧夫都可以叫作"寡"。小篆作 ，据《说文解字》的解释，从宀从颁会意，"颁"也有"分"的意思，分了所以变少，所以"寡"有少的意思。按，小篆应是从分 声，"分了"于是变少，同时兼并了 字本来的"独居"的意思。

害，金文作 ，据《说文解字》的解释，字从宀从口丰（现读jiè）声。祸从"口"出，害自"家"起，所以从"宀"从"口"。

宏，小篆作 ，从宀厷（gōng）声，表示房子大而深。许多hóng声的字，比如宏、闳、鸿、洪、弘，等，都有"大"义。

宦，金文作 ，从宀从臣会意，"臣"字，用低顺的"目"表示臣服，"宦"的本义，是奴仆，引申为做官。与之相似的"宧"，小篆作 ，是形声字。

这三个形声字，都是以"宀"表示广漠安静的空间，引申为空虚的感受。

客，金文作，从宀各声，"各"兼有表义作用，详见第四册止部"各"字说解。

寇，见第四册又部"寇"字说解。

宽，小篆作，从宀莧（huán）声。莧，甲骨文作，像一种羊的样子，后作"莧"，其中的"艹"是羊角的讹变，"丶"本是羊尾。

牢，见第二册牛部"牢"字说解。

三字都是以"宀""丬"为形旁的形声字，其中"丬（爿）"本是床的象形，所以三字都与睡觉有关。"梦"字的甲骨文作，正是人躺在床上的象形字，楷书一体作，与上三字结构相同。

"丬（爿）"在**将、奖、壮、妆、床**（牀）、**牂、戕、墙**（牆）等字中作声旁，读 qiáng，读 pán 的音和义都是后起的。

宓，从宀必声，音 mì 或 fú，表示安静，**密、蜜**用"宓"为声旁。

容，从宀从谷会意，空谷能容。

塞，小篆作，从土 𡫸（sè）声。𡫸，从宀从𢌺从廾会意，在屋下用手排布填塞众物，所以表示堵塞。其中的𢌺和廾在隶定时合并，先变为 塞，后与"寒"字中间部分同形，变为 塞，楷书作 塞。赛，从贝塞省声；寨，从木赛省声（《说文解字》如此）。

实（實），金文作，从宀从贯会意。《说文解字》认为，贯是货物，屋下堆满货物，所以表示充实。

按，以绳穿贝为"贯"，穿满一千钱为一贯，所以"贯"引申有充满的意思，比如成语"恶贯满盈"。室中充满则为"实"；"實"写作"实"，是草书楷化的结果。

守，金文作 ，从宀从寸会意。按《说文解字》的说法，"寸"是法度，有法度的地方，就是政府部门的"职守"。

宋，甲骨文作 ，从宀从木会意，以木支起屋顶，本义是居所，后作地名、姓氏。

写（寫），小篆作 ，从宀舄（xì）声，本义是放置，移置。自己的所思所想，用笔"放置"到纸上，这便是"写"；把动植物的生机"放置"到纸上，这便是"写生"。

宴，金文作 ，从宀妟声。
妟，甲骨文作 ，象一位跪坐的女子之形，头部讹变成"日"。"宴"与"安"义同，表示安定，又引申为喜乐、宴会。

宇，小篆作 ，从宀于声，本义指屋檐。《诗经·豳风·七月》：八月在宇。
宙，小篆作 ，从宀由声，本义指栋梁。先民仰头，看到作为屋檐、栋梁的宇宙，神思发越，引申到更为深广的维度，如《淮南子》所说"往古来今谓之宙，四方上下谓之宇"，竟以"宇宙"代指整个时间和空间了，如同原本指人的头顶的"天"宇，更引申而指人头顶之上的空洞高远之"天空"了。现在"宇宙"一般是"太空"的同义词。

字，金文作 ，从宀从子会意，表示在屋下养育小孩，又有繁殖义。

宰，甲骨文作 ，从宀从辛会意，本义是屋内的臣隶，后引申为执事者；并由主持杀牲分肉者的身份，引申为宰割义。
辛，甲骨文作 ，是施刑的刀具，所以从"辛"的字，都与刑罚、案件有关，如辠（罪）、辜、辝（辤）、辟、妾等。

宗，甲骨文作 ，从宀从示会意，表示祖庙。

从"广""厂"

厂（廠），从广敞声，本义是棚舍。最初的工作空间，必简陋而轩敞，所以后指"工厂"。"厂"因为本字 ān 或 hàn 的读音用得少，所以就废弃不用了，专作"廠"字的简化字。

广（廣），从广黄声，表示广大。后来因为"广"只作偏旁，不单独使用，就用它作了"廣"字的简化字。

废（廢），小篆作廢，从广发（發）声，本意是屋子倒塌，引申为废弃无用。

库（庫），金文作庫，从广从车会意，存放兵车的地方，就是"库"。

廉，小篆作廉，从广兼声，本义是厅堂的侧边，亦指棱角，并由此引申为有节操，不苟取。

庙（廟），金文作廟，从广朝声，是供奉祭祀祖先的处所。在《说文解字》当中，还有另一种写法廟，从广苗声，后来"苗"更简写作"由"，于是形成了简体字"庙"。

庞（龐），甲骨文作龐，从广龙声，本义是高大的房屋。

庸，甲骨文作庸，从庚用声，是"镛"的本字，一种大钟，后来假借为用或平庸。

庄（莊），小篆作莊，从草壮声。隶书或作莊，后演变为莊，从"疒"不吉，故作从"广"，这就是"庄"。"牀"变为"床"与这个过程也有相似的地方。

向

甲骨文作 向，从 ∩（宀）从口，口象窗形，本义是屋子北面开出的窗户，引申为方向。《诗经·豳风·七月》说"塞向墐户"，就是说冬天到了，要把北窗堵住，用泥把窗户的缝隙涂上。

尚，金文作 尚，从八向声。"八"与"乎"的两点一样，象呼气之形，是语气词的标志。

冗，甲骨文作 介，从宀从人会意，人在屋下，表示闲散。后来"宀"省写为"冖"。

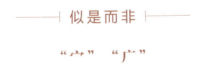

庚

甲骨、金文有多体，在此只是拣其有代表性者。郭沫若认为是一种带舌可以摇动的乐器，隶变时讹作从"广"。

庶

| 甲骨文 | 金文 | 小篆 | 隶书 | 楷书 |

甲骨文作 ，从石从火会意，或说是"煮"的本字，以石片置于火上，用以烹煮。金文作 、，后一体上面的短横，应是后加的饰笔，遂讹为从"广"。表示"众庶、庶几"，应当都是假借用法。

度 度，小篆作 ，从又从庶省声，表示法度、制度。"又"即"手"，古代的度量单位，如寸、尺、寻、常等，都近取诸身，且以手为主，所以用手的象形字"又"，来表示"度量、法度"，与从"寸"相同。

康 康，金文作 ，从庚从四点，或说是"糠"的本字，其中的四点，表示飞扬的谷穗；或说表示"庚"这种乐器振动发声。总之不从"广"。

它 它，甲骨文作 ，是蛇的象形字，金文一体为 ，楷书作它。上面的"宀"是笔画演变的结果，与屋舍无关。详见第二册虫部"它"字说解。

穴 穴，小篆作 ，象覆盖之下有洞口之形。**穿、窗、窜、窖、究、窘、空、窠、窥、帘**（簾）、**穹、穷**（窮）、**窃**（竊）、**窍**（竅）、**突、宛、窝、窈、窨、窒、窄**，等等从之，皆为形声，不再赘述。

宁 宁（zhù），甲骨文作 ，中空可以贮物，是个象形字。**伫**（佇）、**贮**（貯）、**纻**（紵）等字用为声旁，后来用作"宁"的简化字。

从"冖"（mì）

"冖"是象形字，表示覆盖，而"幂"是其形声字形式。字形像"宀"，只是少了上面一点，所以俗称"秃宝盖"，二者意义差别很大。

冠，小篆作 ，从冖从元从寸会意，表示用手将帽子戴在头上。"冖"象帽形，"元"表示头，"寸"即手。

 冥，小篆作 ，从冖从日从廾（gǒng）会意，"冖"表示帘幕，"日"表示太阳，"廾"是双手的象形，表示两手拉帘幕遮挡住阳光，所以是昏暗的意思。

 冤，小篆作 ，从冖从兔会意，表示兔子被盖在下面屈曲不能伸展，所以要"申冤"。

──┤ 似是而非 ├──

 军（軍），小篆作 ，从勹（bāo）从车会意，古时以车战为主，士兵随车而动，故以包围兵车表示"军"。

 农（農），小篆作 ，隶书作 農，源流曲折，不再赘说，写成"农"是草书楷化的结果，不从"冖"。

 帝，甲骨文作 ，表示烧柴生烟，以上达于天，本义是一种祭祀仪式，后来指祭祀的对象，指上帝；后来也指人间的帝王。其中的"冖"表示架柴的架子。

 梦（夢），详见第二册草部"梦"字说解，其中的"冖"是人身体形状的讹变。

 罕，小篆作 ，从网干声，本义是捕鸟的一种小网，后来假借为稀少，上部是"网"的讹变。

帚，甲骨文作 、，象扫帚之形。"帚"字的 ，可以理解成捆扎扫帚时要用到的架子。详见本册帚部"帚"字说解。

宜居的屋舍，必须有供人出入和透风透光的通道，这就是"门"和"户"。

字形流变

"门"和"户"，一象门形，一象半门形。

—— | 义 项 组 词 | ——

门

① 本义：大门、房门、门口、门窗、门面。

有开关通行作用的设施、机构：电门、闸门。

② 家族聚居，共走一门，故门还有家族义：家门、门风。

③ 学派、类别：佛门、门派、门下、门徒、分门别类、一门课。

④ 解决问题的方法、关系：门路、门道、窍门。

户

① 本义：门户、窗户。

② 人家：一户、户口、户籍。

③ 从事某职业的人家：猎户、乐户。

从"门"

—— | 字 例 概 述 | ——

"门"或作声旁，如扣（捫）、闷（悶）、们（們）、闵（閔）、闽（閩）、闻（聞）、问（問）等。阐（闡）、阀（閥）、阁（閣）、闺（閨）、阔（闊）、阑（闌）、阎（閻）、阙（闕）、阚（闞）、闹（鬧）、闾（閭）、阅（閱）、闸（閘），都是以"门"为形旁的形声字。

—— | 趣 字 析 义 | ——

闭	闭（閉），金文作 ，从门从十会意，"十"是闭门所用的工具，后讹作"才"。
闯	闯（闖），小篆作 ，从门从马会意，本义是马出门。
	关（關），金文作 ，"门"中也是闭门的工具。小篆作 ，繁化为从门 幷声的形声字。隶书作 ，写成"関"或"关"，是草书楷化的结果。

间 间（閒、間），金文作 ，从门从月会意，两扇门之间有缝隙，月光照了进来，表示"中间"。后来"月"字讹成了"日"字，意义最初相同，后来有了分化。

"閒"是"悠闲"之"闲"的本字。门间有空隙，光线才能进来，也就是有了"空（kòng）"。有时间了，我们也说"有空"，所以"閒"得表示有空的意思。后来被"闲"字代替，"閒"字遂隐。

闲 闲（閑），金文作 ，从门从木会意，本是栅栏的意思，引申为界限。孔子说"大德不逾闲"，用的还是这个意思。后来假借为"閒"，表示悠闲。

闹 闹（鬧），小篆作 ，从鬥（dòu）从市会意，从门从市会意较后起，都可以通。

闰 闰（閏），小篆作 ，以王在门中会意。古代慎待天文的现象，闰月时，王要居住在路寝（古代天子、诸侯的正殿正厅）居住一月。

闪 闪（閃），小篆作 ，从人在门中会意。

闩 闩（閂），从门上有"一"会意，表示门栓。

开 开（開），小篆作 ，从闩从廾会意，双手打开门闩。后来简化字省去了门。

从"户"

—— 字例概述 ——

在妒、雇、扈、护（護）、沪（滬）、芦（蘆）、庐（廬）、炉（爐）、驴（驢）、所等字中，"户"用作声符。在扁、房、扉、扃、戾、扇、牖、启（啟）等字中，"户"表义。

---| 趣字析义 |---

所，金文作 ，从斤户声，"斤"是平头的斧子，"所"古音大约是"hǔ"，表示伐木的声音。后来"所"被假借，一用作处所、机构，如：场所、处所、派出所、交易所、研究所；一用在动词前，代表接受动作的事物，如：所到之处、所说、所有、所以。此外，还用作量词，如一所房子。

"所"字在古代又常被同音字"许"借用，如《诗经·小雅·伐木》："伐木许许"，"许许"就表示伐木声；《五柳先生传》："先生不知何许人也"，"何许"就是"何所"，就是"什么地方"。两种情况都是借"许"为"所"。

扁，小篆作 扁，从户从册会意，表示在门户上题字，是"匾"字的本字。大约牌匾形多横长竖短，形扁，故"扁"得有"扁形"的含义，后专指扁形，本义以"匾"代替。

房，小篆作 房，从户方声。古以正屋为"室"，侧屋为"房"。

戾，见第二册犬部本字说解。

启（啟），甲骨文作 、、、 等形，从又从户会意，或加"口"或"日"，都是表示打开窗户，有阳光照进。或省去了手，以"户"和"口（表示日）"会意。

---| 似是而非 |---

肩，小篆作 肩，从户从月（肉）会意，其中"户"并非"门户"义，而是肩部的象形。

阄（鬮）、**阅**（閱）等从"斗（鬥）"不从"门"，详见第四册鬥部各字说解。

初民在夜间安顿，休养生息；在白天行走，经营劳作。没有安顿，便不能继续行走；没有行走，便不会有终究的安顿。在日复一日的行走与安顿当中，人类在悄然进步。"其实地上本没有路，走的人多了便成了路"，所以我们也将表示路的"行"归入器用一类了。

| 甲骨文 | 金文 | 小篆 | 隶书 | 楷书 |

甲骨文作 ，是十字路口的象形，本义是道路。在字形的演化当中，一直没有发生大的变化。

—— 义项组词 ——

行（háng）

① 本义、道路：周行。

② 排列的次序、横的称行，竖的称列：行伍、字里行间、成行。

③ 兄弟姐妹的次第：排行、行二。

④ 量词、用于成行的东西：泪下两行。

⑤ 某些营业所：银行、花行、商行、典当行。

⑥ 行业：同行、各行各业；三百六十行、行行出状元。

行（xíng）

① 走：行走、步行、旅行、行踪、行百里者半九十、行云流水。

② 出外时用的：行装、行李、行色匆匆。

③ 流通、传递：行销、风行一时。

④ 从事、实际地做：进行、行礼、行医、行文。

⑤ 口语，可以。

⑥ 流动性的、临时性的：行商、行营。

⑦ 表示品质的举止行动：行径、品行、言行、操行、行成于思。

⑧ 能干：你真行。

⑨ 将要：行将毕业。

—| 趣字析义 |—

冲（衝），小篆作 <插图>，从行童声，后改作"衝"，从彳重声，是"冲锋"的"冲"的本字。

表示"冲刷""冲虚""冲龄（幼年）"的"冲"，甲骨文作 <插图>，从水中声。后来"衝"并入"冲"，"氵"简化为"冫"，正如"淨"简化为"净"、"盜"简化为"盗"，遂有了作为二者简体字的"冲"。

衡，见第二册鱼部"角"字"衡"字说解。

街，小篆作 <插图>，从行圭声，表示四路相通的大道。"圭"字虽然现在的读音已经发生了很大的变化，但是我们还可以从"鞋"的读音中获得一些提示。

衢，小篆作 <插图>，从行瞿声，本义是四通八达的道路。

术（術），小篆作 <插图>，从行术声，本义是城邑当中的道路。后来泛指方法、策略、技术，与原来表示"路"的"道"同理。
术，小篆作 <插图>，《说文解字》认为是"秫（一种粘的小米）"的象形。

卫（衛），见第四册止部"卫"字说解。

衔（銜），小篆作 <插图>，从行从金会意，是行军时用来勒在马口中的细棒，用铁做成，以防止马发出声音惊动敌人，后来指含的动作。

衒，小篆作 <插图>，从行玄声，本义是沿街叫卖。既然叫卖，不免夸饰，遂有"炫耀"义，后为表示晃眼的"炫"字替代。

衍，甲骨文作 <插图>，从行从水会意，本义是水流入海，引申有扩展、分布的意思。

衙，小篆作 <插图>，从行吾声，本义是指列队行进的样子，后来指官署。

——┤ 节外生枝 ├——

表示行动的义符

行，从"行"的字都与行动有关。字例如上文所示。

彳（chì），"行"字取一半，从"彳"的字多与行走、行为和道路有关，如彼、徧、徘、傍、彷、復、得、德、待、徒、律、後（后）徊、徽、徨、徼、径、徙、徐、徇、循、征、徵、彻、徹、徜、徂、從（从）役、徉、往、御，等等。

① **德**，金文作 ，从彳从直会意，本义是巡行视察。后来假借为"品德"的"德"，并加了"心"表示与"品性"有关。

② **复**（復），小篆作 ，从彳复声，本义是回来走，表示"重复"；"复杂"的"复"，本作"複"，小篆作 ，本义是重叠的衣服。

③ **后**（後），甲骨文作 ，从彳从幺从夂会意，古人结绳以记世系的先后。"止"是足，古人常常以此来比喻世代的先后，我们今天还会说"沿着先辈的足迹"。比如**世**字，金文作 ，就是"结绳于止"。"後"字中的"夂"，就是倒转的"止"。金文作 ，小篆作 ，隶书作 後 。

④ **徒**，甲骨文作 ，从止土声，本义是步行。金文作 ，遂成今形。

⑤ **徙**，甲骨文作 ，从彳从止，止声，本义是迁移。

⑥ **往**，甲骨文作 ，上面是"止"，是表示行动的偏旁；下面是用斧头表示权威的"王（王）"，作为声旁；所以是"从止王声"，表示到哪里去。金文作 ，加了"彳"。小篆作 ，隶书作 往 ，遂成今形。

⑦ **御**，见第四册止部"御"字说解。

⑧ **征**，见第四册止部"正"字说解。

廴（yǐn），为"彳"之变体，比如**延**甲骨文作 ，从"彳"非常明显。金文作 、 ；金文或体作 ，与小篆 有直接关系，隶书作 延 ，楷书作 延 。因为字形像"之"，常用字"建"字从之，所以俗称"建之"，也与行动有关。如廻（同"迴"）、建、廷（"挺"的本字）、延等。

止，甲骨文作 𝑦，本是脚掌的象形字，用作偏旁时，常常表示行动，见第四册止部本字说解。

辶（chuò），是"彳"与"止"组合而成，本作"辵（chuò）"，简化为"辶"，字形像"之"，含义为"走"，所以俗称"走之"，如邀、逼、避、边（邊）、遍、逞、迟（遲）、达（達）、逮、道、迪、递（遞）、逗、遁、遏、返、逢、逛、过（過）、逅、还（還）、遑、迹（跡）、近、进（進）、迥、逨、连（連）、辽（遼）、遛、迈（邁）迷、逆、迫、迄、迁（遷）、遣、述、遭、适（適）、逝、述、送、速、遂、逃、逖、通、透、途、退、违（違）、连、遐、选（選）、迅、逊（遜）、迂、邀、遥（遙）迤、遗（遺）、逸、迎、迂、逾、遇、远（遠）、运（運）、遭、造、遮、这（這）、逐、追，等等，都是与行走或道路有关的形声字。

在甲骨文中，表示行走义的字，经常或从止、或从彳、或从行、或从辵，甚至"行""止"兼备，意义无别。

人在陆地上行走，
车是最便利的工具。

字形流变

甲骨文	金文	小篆	隶书	楷书

甲骨文有多体，典型者如 、 等，象车之有两轮、辕、轭形；金文作  增加了车厢（舆）；金文另一体作 ，则是两个车轮、车轴和车厢的俯视平面图。小篆仍之，遂成今形。"車"的草书楷化作"车"，为简体字采用。

义项组词

① 本义，有轮的陆行工具：马车、汽车、火车、自行车、三轮车。

② 有轮轴的机械：水车、纺车、车床。

③ 动词，使用车床加工工件：车零件。

字例概述

从"车"的字，如辇（輦）、辅（輔）、辆（輛）、辍（輟）等，都与车有关。

─┤ 趣字析义 ├─

辈（輩），小篆作𦊆，从车非声，发车百辆称"辈"，后来引申为同等义。

辍（輟），小篆作𨍵，从车叕声，本义是车"小缺复合"，即坏得不严重，很快修好，引申为中止。

辅（輔），小篆作𨍏，从车甫声，本义是助车多载的横木，引申为"辅助"。

辑（輯），小篆作𨍜，从车咠（qì）声，本义是车箱。

较（較），小篆作𨎝，本指车箱两旁板上的横木，作"比较"等是假借用法。

连（連），小篆作𨍫，从车从辵会意，本义是人拉而行的车，大概是以其中"人"和"车"的关系来表示"连接"。

斩（斬），小篆作𨎫，从车从斤会意，古代的死刑，或用车拉断犯人身体，称为"车裂"；或用斧斤斩首。后来"斩"专指砍头。

辄（輒），小篆作𨍍，本来也是车上的构件，后来假借为副词，表示"就"。

阵（陣），字本作陈（陳），"阵"是后起字，从阜从车，本义是战车在高地下排列。

水行的工具，非舟莫属。

字形流变

| 甲骨文 | 金文 | 小篆 | 隶书 | 楷书 |

甲骨文作 ，象小舟之形。

义项组词

本义，船：轻舟、龙舟、一叶扁舟、逆水行舟、刻舟求剑。

---| 字例概述 |---

从"舟"之字,多与船有关。如舶、舱(艙)、船、舵、舫、舸、航、舰、艄、艘、艇、舳,等等。都是形声字,不再赘述。

---| 似是而非 |---

般

| 甲骨文 | 金文 | 小篆 | 隶书 | 楷书 |

甲骨文作 ЯЯ 或 ЯЯ,《甲骨文字典》认为 Я 表示高圈足的盘子,上面是盘身,下面是圈足,竖写作 Я,讹变成"舟",与渡水之"舟"无关;ﾉ(攴)象手持器具拨动盘子之形。制作盘子时,要拨动陶轮,旋转成形,所以般有盘旋、围绕的意思。《说文解字》则认为,"盘旋"的意思,是从"拨转船头"得来的,还是以"舟"为船形。

后来,"般"假借为"一般"的"般",便在字下加形旁"皿",作"盤",即"盘"字。

---| 似非而是 |---

服

| 甲骨文 | 金文 | 小篆 | 隶书 | 楷书 |

甲骨文作 ЯЯ,从又从卩会意,表示以手押人,使之服从。金文作 ЯЯ,增加了"舟",《说文解字》认为是表示像舟一样凭人使用,后来字形讹作"月"。

前（歬）

| 甲骨文 | 金文 | 小篆 | 隶书 | 楷书 |

本字为"歬"，甲骨文作 肖、 爿、 屵，从止（ ）从舟（ ）会意，表示舟在向前行进，"止"是行动的义符，加"彳"或"行"，都是强调其行进的意思。小篆时，假借加"刀"的" （前）"，来代替"歬"，"前"是"剪断"之"剪"的本字。

后来"前"被假借用为"前后"之"前"，"歬"遂隐而不用，又在"前"下加"刀"作"剪"，来代替"前"。

朕

| 甲骨文 | 金文 | 小篆 | 隶书 | 楷书 |

甲骨文作 ，从 从舟会意，表示双手举物来制作舟。后讹变为"朕"，假借为第一人称代词，到秦始皇时，才规定作为皇帝的自称，普通人不能用了。

俞，金文作 ，本义是将木材挖成中空做舟，其余不详。其中"月"也是"舟"讹变得到的。

初民用从石上砸下的薄片当刀，来切割兽皮、兽肉，砍削草木。后来，渐渐学会了将石头磨薄，做成刀来使用，形状更加规整，也更加锋利好用。青铜、铁等金属冶炼工艺发明后，人们又用金属来铸造、煅打刀具，到今天还在使用。

字形流变

| 甲骨文 | 金文 | 小篆 | 隶书 | 楷书 |

甲骨文作 $\int$ ，象刀之形。

义项组词

① 本义：刀枪、刀剑、刀兵相见。

② 像刀的：刀鱼、冰刀、刀圭、风刀霜剑。

字例概述

　　"刀"作偏旁，或作声旁，如叨、召、钊、到；或者表义，如初、分、剪、劫（刼）、解、劈、切、券、刃等。

　　"刀"变体的"刂"，俗称"立刀"，除了在"到"字中作声旁，其他多是与"刀"有关的形声字的形旁。

趣字解形

初

| 甲骨文 | 金文 | 小篆 | 隶书 | 楷书 |

甲骨文作 初 ，从衣从刀会意，裁衣用刀，本义是"裁衣之始"，所以"初"有"开始"的意思。农历每月上旬，也以初一、初二，到初十来排序。

分

甲骨文作)\((，从"八"从"刀"会意。"八"象分开之形。

———— 趣字析义 ————

别，小篆作)\((，从冎（guǎ）从刀会意，以刀剔骨头，表示分解。

到，小篆作)\((，从至刀声。以"至"为义符，所以"至"和"到"义同。

刚（剛），小篆作)\((，从刀冈声，本义是"强断"，即刚强果断。作"刚才"是假借义。

剪、前，见本册舟部"前"字说解。

解，甲骨文作)\((，从)\((从牛从角会意，表示双手取牛角，小篆作)\((。从忄解声的"懈"，是形声兼会意字，心气解散，就"懈"了。

劫（刼），小篆作)\((，从去从力会意，"去"亦表声，表示他人欲"去"，以"力"止之。或从刀、从刃，意义无别。

列，小篆作)\((，从刂歺（liè）声，表示分割，是"裂"的本字，作"排列"是假借义。

切，小篆作)\((，从刀七声。"七"是"切"的本字，详见第二册"七"字说解。

刃，甲骨文作 ㇏，有作为指事符号的一点指在刀的刃部，造字者强调了刀刃的部位，是典型的指事字。小篆作 ㇏，隶书作 ㇏，楷书作 **刃**。

券，小篆作 ㇒，从刀 ㇒（quàn）声。因为古代的符券，都要用刀剖开，双方各持一半，需要贴合，才见信用，所以从"刀"。

则（則），从鼎从刀会意，后来"鼎"形变为"貝"，见本册鼎部"则"字说解。

──┤ 似非而是 ├──

黎，小篆作 ㇒，从黍利省声，本义是用黍米制成的胶。"黍"和"利"共用一个"禾"。上面的"利"字，"刀"写成 ㇒，是因为"刀"字小篆写成 ㇏，所以"黎"上面不能写成"勿"。

活动

有一副字谜对联：

冻雨洒窗，东两点西三点；

切瓜分客，横七刀竖八刀。

你能看出其中的玄机吗？

戈是上古时代的常见兵器，以至于成了武器、军事的代称。

---- 字形流变 ----

戈是象其全形的字，清楚标示了"戈"这种兵器的主要构成部分。

---- 义项组词 ----

① 本义：中国古代的主要兵器——戈矛。

② 代指战争：化干戈为玉帛。

---- 字例概述 ----

从"戈"的字，都与兵器、杀戮、战争有关。如截、成、戳、划、或、载、戡、截、戒、戗、戮、戚、戕、戎、戍、威、我、戊、戏（戲）、咸、戌、戉、哉、栽、载、臧、战（戰），等等。

——| 趣字解形 |——

戉

甲骨文	金文	小篆	隶书	楷书

甲骨文作 ，象有长柄的斧钺之形。后加了"金"旁。

戊

甲骨文	金文	小篆	隶书	楷书

甲骨文作 ，象斧钺之属的兵器形。作天干序号使用，是假借用法。

戌

甲骨文	金文	小篆	隶书	楷书

甲骨文作 ，亦象斧钺之属的兵器形，作地支序号使用，是假借用法。

戍

甲骨文	金文	小篆	隶书	楷书

甲骨文作 ，从人从戈会意，表示守卫。后"人"字的撇画与"戈"的横画连接，而"人"字的捺变成点。

成

甲骨文作 ，从 （戌） （丁）声，本义不详。

戎

甲骨文作 ，象戈盾同持之形，表示军事、战争。后来金文中"盾"移在"戈"下，盾形作肥笔，又演变成点、成横，这与"土""屯"等的字形演变道理相同。

戒

甲骨文作 ，从 （廾）持会意，表示警戒。

或

甲骨文作 ，从戈从囗（wéi）会意。"囗"是城邑之形，是执"戈"守卫的城。"或"是"国（國）"的本字。金文 是在城邑周围加了四道"防护"，强调守卫之意，后来 是四道"防护"变为两道，这个过程与"卫"字金文 变为 非常像，后来上面一道"防护（横画）"更与"戈"的横画相连，即 。后来用作不定代词，属于假借用法。被借走之后，原义又加了一重"口"，作"國"，后来简化作"国"。

我

甲骨文作 ，左边是三锋，右边是戈形，本是一种兵器，用作第一人称代词，是假借用法。

武

甲骨文作 ，从戈从止会意，表示征伐示威，《左传》中所谓"止戈为武"，即"制止战争才是真正的'武'"，是从文化上对"武"的解释，不是文字学的。小篆作 ，"戈"字的一横一撇，都写在"止"字之上，隶书遂作 ，"戈"字的一撇代替了原来一横的位置，为了字的均衡美观，原来的一横遂写短，偏于左上一角。

趣字析义

戟，小篆作 ，从戈从戟（gàn）会意，是一种戈与矛的组合兵器，既能刺杀，又能钩斫。

戚，金文作 ，从戈尗（shū）声，小篆作 ，从戈改为从戉，义同。本义为大斧，陶渊明诗"刑天舞干戚"，用的就是本义，亲戚、休戚用的是假借义。

戕，小篆作 ，从戈爿声，表示伤害。

威，金文作，从女戌声，或说以兵器临"女"会意，表示使之畏惧。

 戏（戲），金文作，从戈虚声，本来也是一种兵器，假借为"戏剧"之"戏"。

 咸，甲骨文作，或说从戌从口会意，本义不明，后假借表示"都"，作味道讲，是"鹹"简化字。

 臧，甲骨文作，从戈从臣会意，本义是战争抓来的俘虏。"臣"字是用低垂的眼睛表示"臣服"。声旁"爿"是金文以后加的。

 戈，小篆作，从戈才声，**裁、戴、栽、载**都是从"𢦏（zāi）"得声的形声字。"裁"表示裁衣；"戴"下面的"異"，从"共（拱）"从"田"会意，表示双手举着帽子置于头上，"田"是帽子之类的象形字。"栽"是植树。"载"是用车承载。

战（戰），小篆作，从戈单声，"单"亦有表义作用，后来改换为更简单的声符"占"。"单"字详见第二册犬部"兽"字说解。

近搏用刀、戈，远攻用弓矢。弓箭发明之
后，原始人可以远距离地攻击野兽，还可
以射高高的飞鸟，射深深的游鱼，扩大了
食物来源，而且有效地减少了自身的伤害。

字形流变

| 甲骨文 | 金文 | 小篆 | 隶书 | 楷书 |

甲骨文作 ，象弓之全形。金文作 ，与甲骨文同，或体作 ，是"弓"解了弓弦只存弓背，是小篆的来源。小篆作 ，渐变为今形。

义项组词

① 本义：射箭或打弹的器械：强弓、弓箭、弹弓、弯弓。
② 形状像弓的：弓背、弓弦（弦乐器）、眉弓。

字例概述

"弓"或用作形声字的声旁，如穹、躬等；或表义，如弼、弛、弹（彈）、发（發）、弗、彀、弘、弧、弥（彌）、弭、弩、强（彊）、弯（彎）、弦（絃）、夷、引、张（張）等。

趣字析义

弼，金文作 ，从弜百声，"弜"（jiàng），表示缚在一起的两把弓形，一为弓，一为弓檠（qíng），弓檠缚在里面，在塑形时起到矫正作用，所以"弼"从弜，有辅助义。

张（張），小篆作 ；**弛**，小篆作 。
两字都是以"弓"为形旁的形声字，是一对反义词。"张"是施弦，组词有"紧张"；弛是解弦，组词有"松弛"。两个字后来分别引申为"凡作、辍"之称，也就是泛指"进行、停止"，成语有"一张一弛"，现在多用作劳逸结合之义。

发（發），小篆作 ，从弓癹（bá）声，意思是放箭。与"头发（髮）"的"发"来源完全不同。

彀，小篆作![彀小篆]，是从弓**𣪊**声的形声字，本义是弓箭的射程。唐太宗曾经在城楼上"见新进士缀行而出，喜曰：'天下英雄入吾彀中矣'。"**觳**、**殻**、**穀**、**毂**、**觳**等，都是以**𣪊**为声旁的形声字。

弩，小篆作![弩小篆]，从弓奴声，是一种发射器械。以"奴"为声旁的字，如**弩**、**努**、**怒**、**驽**等，皆有蓄力而发的意思。

强（彊），金文作![彊金文]，是个形声字，从弓畺声，"**畺**"是"疆界"之"疆"的本字，是个会意字。"畕"像田地，"三"像田地之间的界划，在缰、彊、薑（姜）等字中用作声旁。后"畺"从会意字变成以"疆"为声旁的形声字，"土"是形旁，表示与土地有关。

"强"本作"**強**"，从虫弘声，本是一种虫子，假借为"强大"的"强"，在秦代的会稽刻石（小篆）当中就已经出现，作![強小篆]。汉隶多作![強汉隶]。楷书作"强"，"彊"字就不再常用了。

夷，照《说文解字》的说法，小篆作![夷小篆]，从大（人）从弓会意，是东方的射猎部落的称号，其实"夷"字别有来源，金文作![夷金文]，疑从矢上有丝绳会意。

引，小篆作![引小篆]，从弓从丨会意，丨示箭，表示箭在弦上。段玉裁《说文解字注》认为，是拉满了弓而不发，从而引申为"拉长"的意思。

似非而是

射

| 甲骨文 | 金文 | 小篆 | 隶书 | 楷书 |

"射"的"身"上一直有一桩公案，就是为什么"身寸"不是"矮"而是发射的"射"，这

是知其然不知其所以然才有的疑惑。射，甲骨文为 ⟨字⟩，张弓注矢，以会意"发射"。或体加"又"作 ⟨字⟩，"又"是手的象形，以手引弦发射。金文也是有此二体，作 ⟨字⟩、⟨字⟩。小篆作 ⟨字⟩，原表示弓和箭的字形讹变成"身"，"又"变成"寸"（"又""寸"同义），至此才可能有"身寸"之说，但与身体的"身"并没有关系。

──┤ 似 是 而 非 ├──

弟

| 甲骨文 | 金文 | 小篆 | 隶书 | 楷书 |

《甲骨文字典》认为，甲骨文作 ⟨字⟩，是在箭杆上系以丝绳来"弋射"，即不射伤鸟，而是用箭上缠络的丝绳把鸟缠住而得到它。在箭杆上绕线时，要缠得有"次序"。从"弟"的字，如**弟、第、递、梯**等，都与"次序"有关。"次第"本写作"次弟"。年龄长幼也有"次第"，后生者为"**弟**"。次第升降的工具，是"**梯**"；次第传送的动作，是"**递**"。

弗

弗，甲骨文作 ⟨字⟩，中间两竖，其一是箭杆，其一是箭杆的校正工具"箝"，中间是缠绕的丝绳，后来讹变作"弓"。后来假借用作否定副词。

粥

粥（鬻），小篆作 ⟨字⟩，"弓"表示煮米时从鬲中冒出的热气，见第二册米部"粥"字说解。

矢

弓所发射的，就是"矢"。

字形流变

甲骨文	金文	小篆	隶书	楷书

甲骨文作 🏹 或 🏹，象矢之形。前为箭头，下面的短横大约是表示箭头与箭杆的连接，或是汉字竖画上加点的习惯。金文一体作 🏹，点看得比较清楚，后发展为一横。中间为箭杆，后面为插在箭杆后端控制方向的羽毛。

义项组词

① 本义，箭：弓矢、矢石，矢如雨下、有的放矢。

② 由箭杆之直，引申为正直：矢言。

③ 通"誓"：矢志不移。

字例概述

"矢"或作形声字的声旁，如疑、疾、医、矣、雉、知、甋，等等；或表义，表示与"箭"有关，如矮、矬、短、侯、候、矫（矯）、矩、矧、矰、族，等等。

侯

| 甲骨文 | 金文 | 小篆 | 隶书 | 楷书 |

甲骨文作 侯，像张起来的箭靶，箭射在上面。金文作 侯、侯，小篆作 侯，上面加了一个"人"，是指"公侯"之"侯"，故加"人"以与"箭靶"义相区别。隶书作 侯，已经有作 侯 者，楷书是"矢"上之"厂"笔画稍加错移的结果，作 侯 。

候，意为观测、时间、等待等，本字是"侯"，后加"亻"，小篆作 候，隶书作 候，楷书作候 。这应当是"侯"变为"侯"以后，避免两个"亻"重复而作的笔画调整省并，所以中间有"丨"。

族

| 甲骨文 | 金文 | 小篆 | 隶书 | 楷书 |

甲骨文作 族，其中 象旗杆和旗帜形，起到召集民众的作用。 是以兵器代表战争。古代同一氏族或家族是同一作战单位，故后有"族"有"氏族""家族"义。

矮 矬 短 | **矮、矬、短**，都是从"矢"的形声字，含义也相近。从"矢"，大约是从箭杆的长短上取义的。

矫 | **矫**（矯），小篆作 矯，从矢乔声，是把箭杆揉直的器具，所以有"矫正"的意思。

彘，见第二册豕部"彘"字说解。

—— | 似非而是 | ——

备（備）

甲骨文	金文	小篆	隶书	楷书

甲骨文作 𥬔 或 𥬔，是盛箭的箭囊，表示准备、防备。金文取后一字形，并符号化为 𦥯，下部的箭头与囊底结合，形似"用"字；或体加了"亻"，表示与人事相关。两字并行。楷书作 備，已经高度符号化。或体作 俻，是更加简化的结果。简体作 备 。

函

甲骨文	金文	小篆	隶书	楷书
			缺	

甲骨文作 𥤚，象盛矢之囊形，上有捆扎，下表示囊，中间有矢，楷书下的"矢"形讹成"氺"形。

至

甲骨文	金文	小篆	隶书	楷书

甲骨文作 𡊹，从 𠂢 从一会意，𠂢 表示倒立的 𠂢（矢），"一"表示地面，疾矢飞来插到地面，所以表示到达。

到，从至刂（刀）声，"至"是义符。

弟，甲骨文作 ᨑ，表示在矢上缠丝绳，用于弋射，见本册弓部"弟"字说解。

弗，甲骨文作 弗，表示以绳缚两矢，见本册弓部"弗"字说解。

┤ 似 是 而 非 ├

矩，金文作 琟、椬 等，从大（人）持工会意，表示人拿着矩尺。金文或体作 琟，从"夫"与从"大"同义，手形与"工"合在一起，从而讹变成"从矢从巨"。

┤ 节 外 生 枝 ├

㫃

甲骨文作 㫃，本是旗杆和旗帜的象形，讹变后与"方"同形，但跟"正方"或"方向"没有关系，偏旁作㫃（yǎn）。从 㫃 的字都与旗帜有关，如：**旗、旃、旅、旋、施、斿、旒、旆、旄、旌**。"**放**"不属于 㫃 部，它是从攵（pū）方声的形声字。

"**於**"也不是，清代王筠的《文字蒙求》认为，它古文作 㫃，是一只飞动的乌鸦，读音也是 wū。

除了刀、箭这样有杀伤力的工具，人们还发明了网这样相对温和的捕猎工具。有了网，就可以捕到活的飞禽走兽，一时吃不了，就可以蓄养起来，这就促进了养殖、畜牧业的产生，促进了人对动物的驯化，从此，人类的衣食来源就更加有保障，人类也有了狗、牛、马等朋友。

字形流变

甲骨文作 🔲、🔲 等形，象网形，今天的"网"字仍是非常明显的象形字。小篆或为从网亡声的形声字，作 🔲，即"罔"，该字后被借用作否定词，于是本字又加一义符"糸"作 🔲，即"網"。隶书作 🔲。楷书作 網。简体作网，复归小篆，象形性、符号化非常统一。

义项组词

① 本义：鱼网、蜘蛛网、罗网、天罗地网、鱼死网破、一网打尽。

② 像网的东西：网兜、尘网、法网、电网、公路网、互联网。

字例概述

"网"作偏旁，简化作"罒"，但与数字"四"没有关系，如罴（罷）、罚（罰）、罡、罟、羁、罥、罹、詈、罗（羅）、买（買）、卖（賣）署、罩、置，等等。

有些"罒"是"目"字的横写形式，与"网"没有关系，如曼、夢、蜀，等等。

趣字解形

买（買）

甲骨文作 🔲，从网从贝会意，表示购入财货。金文作 🔲，小篆作 🔲，隶书作 🔲，草书作 🔲，楷化为 买，为简体字采用。

卖（賣）

甲骨文	金文	小篆	隶书	楷书
缺				

金文作，"罒"应当是"网"的讹变。小篆作，上面的"士"实际上是"出"的简写形式。草书作，楷化为 卖。

———— 趣字析义 ————

罢（罷），小篆作，从网从能会意。字有二读，分别是 pí 和 bà。"能"是熊类的象形字。熊力大凶猛，不能以力取，所以要用网捕熊，待熊挣扎"疲（罢）劳"了，方好下手；而熊挣扎半天，徒劳无功，只好作"罢"。

罚（罰），金文作，从詈从刂会意，照《说文解字》的解释，是说持刀骂詈，未有大过，小罪当罚。

罗（羅），小篆作，从罒（网）从糸 从隹会意，表示以网系捕飞鸟。

罪（辠），小篆作，从网非声，本义是捕鱼的网，秦代用为假借表示"罪过"。我们也可以理解成因"为非"而落"法网"。

思考

竹寺等僧归，双手拜四维罗汉；

木门闲可至，两山出大小尖峰。

这个字谜对联的有趣之处，以及两处错误，你能找到吗？

人类结束了茹毛饮血的时代，饮食文明逐渐发达起来，出现各种饮食、炊煮器皿。它们最初用陶土烧制，后来用青铜。这些陶、青铜器皿一直保存到今天，成为我们了解那个时期文化、生活的重要资料。

─┤ 字形流变 ├─

| 甲骨文 | 金文 | 小篆 | 隶书 | 楷书 |

甲骨文作 ，象盛食物的器具之形，或体带耳，写作 ，发展为今形。

─┤ 义项组词 ├─

本义：器皿。

─┤ 字例概述 ├─

从"皿"的字，都与器皿有关，如盉、盃、盗（盜）、盖（蓋）、蛊（蠱）、盥、盍、盒、监（監）、尽（盡）、盈、卢（盧）、盟、孟、宁（寧）、盘（盤）、盆、盛、碗（盌）、醯、血、盐（鹽）、益、盈、盂、盏（盞）、盅，等等。

—┤ 趣字解形 ├—

盥（guàn）

| 甲骨文 | 金文 | 小篆 | 隶书 | 楷书 |

甲骨文作 🔥 ，表示在盆里洗手，或体作 🔥 ，小点是洗手溅出的水滴。金文作 🔥 ，从臼从水从皿会意，臼读如"掬"，象两手之形。

监（監）

| 甲骨文 | 金文 | 小篆 | 隶书 | 楷书 |

甲骨文作 🔥 或 🔥 ，表示人俯身向盛水器中照见形容。古代没有镜子，以器皿盛水来当镜子。金文作 🔥 ，因为此时已经有铜镜，所以或体从金，作 🔥 ，即"鑑"字，后来省去"皿"作"鉴"，也是镜子的意思。小篆已分，分别为 🔥 （監）和 🔥 。隶书作别作 監 和 鑒 。其中的"臣"字是人俯身时低垂的眼睛的象形，"人"形是人的身体，"厶"是"人"与"皿"中代表水平面的"一"的合写。后来"鑑"字渐不常用而用"鉴"。简体作"监"和"鉴"。

览（覽）、**临**（臨）二字，与"监"同源。

尽（盡）

| 甲骨文 | 金文 | 小篆 | 隶书 | 楷书 |

缺

甲骨文作 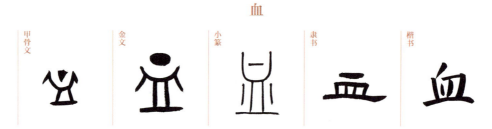，从 ㄐ（又）持 木 刷 ㄩ（皿）会意，手持炊帚洗涤器皿，表示皿中之食已尽，所以"盡"，有"穷尽、全都、没有"的意思。与金文的字体演变阶段大体相当的侯马盟书作 ，秦小篆作 ，表示刷子的 木，变为"火"形，但与"火"无关，隶书遂作 ，草书楷化作 尽，为简体所采用。

血

甲骨文	金文	小篆	隶书	楷书

甲骨文作 ，象皿中盛血之形。

—— 趣字析义 ——

盗（盜），小篆作 ，从水从欠从皿会意，表示看到器皿当中的东西，想要到了流口水的程度（于是据为己有）。

盖（蓋），小篆作 ，表示器皿上加盖子，见第二册羊部"盖"字说解。

盒，本字为"合"，甲骨文作 ，"亼"为盒盖，"口"为盒身，加"皿"作义符，是变象形字为形声字。

孟，金文作 ，从子从皿会意，表示沉子于皿中溺子。古代普遍存在"杀长子"的陋俗，为的是保证自己血统的纯正。这个陋习很早就已经被废除，但"沉子于皿中"的"孟"字被保存下来，仍然表示排行的第一、老大。如孟、仲、叔、季；孟春、孟冬，等等。

益，甲骨文作 ，表示水从皿中溢出，见第一册水部"益"字说解。

现在我们所说的"豆"是一种粮食，殊不知"豆"本是一种容器，这个字本身就是容器的象形。

字形流变

甲骨文	金文	小篆	隶书	楷书
昱	豆	豆	豆	豆

甲骨文作昱，是"豆"这个容器的完全象形字，上面两横象其口，中间是其腹，下面是其高圈足。

义项组词

① 本义，容器：俎豆之事。

　　假借为豆类粮食：黄豆、绿豆、豆腐。

② 像豆子的东西：土豆、花生豆。

字例概述

从"豆"的字,除了在逗、痘、短、头(頭)等字中作声旁,在豇、豌、豉等字中表示豆类粮食外,
在登、豈、豐(丰)等字中,用的是容器本义。

趣字解形

登

甲骨文作 ![图], 或下面加 ![图] (廾,即拱)作 ![图],会意以手捧豆,登上台阶敬献神衹。上面的 ![图]
是两脚分张的象形字,读 bō。小篆作 ![图],省去了下面的 ![图] (廾),遂成今形。

礼(豊、禮)

甲骨文作 ![图],豆上∪中盛了玉串,以敬奉神衹,代表行祭祀之礼, "豊"是"礼(禮)"的
本字。隶书时已作"礼",后为简体所用。

趣字析义

丰(豐),《甲骨文字典》认为 ![图] 是"丰(豐)"的甲骨文,也有人认为豊、豐同字。
总之象豆上∪中盛物充实丰满之形,会意为丰满的"丰(豐)"。

丰，甲骨文中作 ，是在土上植树，以作封疆之界，有树木茂盛之意，很早就与"豐"相通用。金文作 ，小篆作 ，隶书作丰，楷书作丰。

——| 似是而非 |——

壴（zhù）

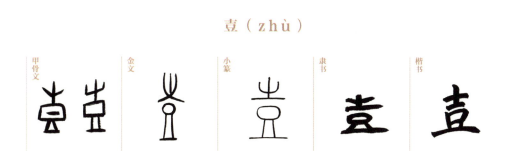

甲骨文作 、 等形，是鼓的象形字，其中" "象鼓的构件崇牙形，中间的"口"象鼓身形，下象鼓架形。鼓、彭、喜、嘉、岂（豈）等从"壴"不从"豆"。我们常说"钟鼓礼乐"，"鼓"是中国古代重要的庙堂之乐，所以在许多文字当中，都用之作为重要义符。

彭

甲骨文作 ，从壴从彡会意，表示鼓声，"彡"象鼓声之形。

喜

甲骨文作 ，从壴从口会意，表示闻乐而喜。

鼓

鼓，甲骨文作，从壴从支会意，表示以手持鼓槌去敲鼓。

嘉

嘉，金文作，从壴从爪加声，小篆省“爪”作，从壴加声，表示美善。

岂

岂（豈），小篆作，下面的“豆”实际上是“壴”的省写，本义是胜利归来所奏之乐，后来假借为“岂有此理”的“岂（豈）”，遂以“凯（凱）”代之。

尌

尌（shù），金文作，从又壴（zhù）声，兼会意，表示以手扶鼓使之树立，所以古同“树（樹）”，“树（樹）”也是形声兼会意的字。

节外生枝

豆、鬲、畐、酉皆容器

酉

酉，甲骨文作，是酒尊的象形。从“酉”的字，如醋、酸、酝、酿、酱、酒等，“酉”不只表示容器，还都有“发酵”的含义。而酽、醒、醉、酲、醇等字，则直接是与酒相关。

豆、鬲、畐三个字都有“上一下口”结构，提示我们最初它们有相近的来源。

豆

豆，是一种容器的象形，我们已经讲过。

鬲

鬲（lì），甲骨文作，是三足中空的一种炊煮器。金文作，隶书作。

畐

畐（bì、fú），金文作，也是容器的象形。小篆作。

先民在遥远的上古时代，就发明了养蚕缫丝的技术。古代传说认为，这项技术的发明者，是黄帝的妻子嫘（léi）祖。缫丝纺成的丝绸，是华美珍贵的衣饰，受到中外上流社会的喜爱。无数中外商旅，经河西走廊，穿过人烟稀少的沙漠，把丝绸贩卖到西亚和欧洲，路途遥远而艰险，这一条路，就是横跨亚欧的"丝绸"之路。

---| 字形流变 |---

甲骨文作 $\mathbf{\hat{s}}$，与金文字形一样，象一束丝形，一端是丝绪，中间是丝绞，读做 mì。

---| 字例概述 |---

"糸"本义为细丝，简化后写作"纟"，俗称"绞丝"。"绞"字就表明了它表示一束绞起来的丝。从糸（纟）的字，多是与纺织品有关的形声字，用作偏旁，如：纺、织（織）、统、继（繼）、续（續）、经（經）、纬（緯）等。

---| 趣字解形 |---

索

甲骨文作 $\mathbf{\hat{s}}$，象两端有丝绪的绳索之形，表示绳子。或加两手，无别，金文加"宀"，表示在屋下编绳索，意义仍没有大的变化。小篆的"宀"被分成两部分，写在"糸"的两边，隶书作 南，两边的分叉写平，遂成今形。

系

甲骨文作 ，从爪从丝会意，表示以手系绾两束丝。金文与之相同。小篆"爪"省作一撇，省去了"丝"的一半，作 ，遂成今形。

终（終）

| 甲骨文 | 金文 | 小篆 | 隶书 | 楷书 |

甲骨文作 𑀡、𑀢，象绳子的两端之形，前者束结而后者散开，都是以绳子的端点表示"终点"的意思。金文作 𑀡，象端点束结的绳形。小篆作 絵，从象形字成为"从糸冬声"的形声字了。《说文解字》还提到，"终"字古文作 𑀡，字形应当是绳子的两端结扣用一横表示了。

—— 趣字析义 ——

| 徽 | 徽，小篆作 徽，从糸从微省声，本义是分三股拧成的绳子。 |

| 红紫 | **红**（紅）、**紫**
两字都是从糸的形声字，原来分别指紫色、红色的丝织品，后来指代两种颜色。 |

| 缓 | 缓（緩），小篆作 緩，从糸爰声，本义是衣物宽大。 |

| 绘 | 绘（繪），小篆作 繪，从糸会声，古代无纸，画作都是画在绢、素等织物上。 |

| 给 | 给（給），小篆作 給，从糸合声，本义是使充足，这应是从纺丝时丝要持续供给得义的。 |

| 级 | 级（級），小篆作 級，本义是织丝的次第，引申为层级。 |

绩

绩（績），小篆作 ，从糸责声。累禾为"**积（積）**"，累丝为"**绩**"。"绩"是纺织的成果，后来引申为做事情的成就。

继

继（繼），小篆作 ，从糸从 会意。，王筠《文字蒙求》认为是古"绝"字。该字从四系从 （刀）会意以刀断丝，所以"**断（斷）**"字从之，"斤"为斧类，则"斷"字中，有一刀一斧，义符重复了。以刀断丝之后，要接起来，还是得用"丝"，所以从"糸"，所以"继"有继续、接连不使断绝的意思。简体作"继"，右边高度符号化了，与"米"无关。

紧

紧（緊），小篆作 ，从糸臤（qiān）声，本义是缠丝紧致。以"臤"为声旁的字，如"**坚（堅）**""**肾（腎）**""**贤（賢）**"等，都有"多"的含义在其中。

经

经（經），金文作 ，是纺织品的纵线，也是直的、纵的。这个含义来自于声旁"巠"。

绝

绝（絕），小篆作 ，从糸从刀从卩（跪坐的人）会意，表示人用刀把丝弄断。

累

累，小篆作 ，本义是积累丝线。见第一册田部"累"字说解。

素

素，小篆作 ，从垂从糸会意，见第二册禾部"素"字说解。

丝

丝（絲），甲骨文作 ，从两糸会意，表示丝线。

孙

孙（孫），小篆作 ，从子从系会意，古代以结绳记子孙世系。

线

线（線、綫），小篆作 ，从糸戋声，丝之细缕。以"戋"为声旁的字如**线（綫）**、**浅（淺）**、**钱（錢）**、**栈（棧）**、**盏（盞）**、**贱（賤）**，都有"细小"义。

—— 似非而是 ——

冬

| 甲骨文 | 金文 | 小篆 | 隶书 | 楷书 |

金文作 A，从A（终，见上文）从日会意，表示时序终结。小篆作，从 （终）从仌（冰）会意，表示冰天雪地的时序终结之时，就是冬天。

率

| 甲骨文 | 金文 | 小篆 | 隶书 | 楷书 |

甲骨文作 ，象绞麻成索之形，两端的点象散乱的麻绪。本义是绳子。小篆作 ，或说两端是绞绳的工具。由本义"绳子"加以引申，表示"率领""遵循"等义。

五

| 甲骨文 | 金文 | 小篆 | 隶书 | 楷书 |

甲骨文作 ，从一束丝 当中截取中间的交叉，由 而 。 在甲骨文中表示"交午"之形，日中为白天上下两段时间的"交午"，我们称为"中午"；夜半为夜晚上下两段时间的"交午"，我们称为"午夜"。 字在甲骨文中专指数字，应是假借用法，但在《诗经·召南·羔羊》中，"素丝五紽"的"五"仍是交午的意思。

兹

甲骨文作 **88**，表示两束丝，在甲骨文中即用为"兹"，表示代词"这"。小篆时，假借本义表示"草木茂盛"的"兹"，来代替。

幺，金文作 **8**，小篆作 **8**。《说文解字》认为，象胎儿初成之形，"幼"字从之；"幻"字别有所从，不详述。在"率""玄""畜""兹""後"等字中，"幺"是"糸"的省写。

畜，甲骨文作 **❦**，从幺从田会意，表示以绳牵系田猎得来的野兽，见第一册田部"畜"字说解。

辞（辭），小篆作 **辭**，从罱从辛会意。

辛，甲骨文作 **辛**，是行刑的圆凿的象形字，所以从"辛"的字，如辜、罪（辠）等，都与犯罪有关。"辞"的本义，也是诉讼、口供，后来泛指言辞。

后（後），甲骨文作 **❧**，或加"彳"作 **❧**，表示世系的先后，见本册行部"後"字说解。

乱（亂），小篆作 **亂**，从罱（luàn）从乙会意；罱，从爫从幺从冂从又会意。表示"幺（一束丝）"在"冂（织机）"之上，"爫"和"又"表示上下两只手在理乱丝，所以表示"乱"的意思。"乙"，是治理的意思。简体作"乱"，是符号化的简化，与"舌"无关。

———| 节外生枝 |———

巠

巠（jīng），郭沫若认为字形象织机的纵线形，是"经"的本字。

非物质文化遗产项目海南的黎锦纺织，用的是最原始的织机。它脚蹬的横杆，就是"巠"最上面的横画；绷直的经线，就是"巠"中间的"巛"；两手所持，就是拉紧经线的"工"。"经线"拉直绷紧，然后把纬线织上去。所以"经"是纵的、直的，是依据、根本，而"纬"是横的、辅助的、附庸于"经"的。

我们来看茎（莖）、经（經）、颈（頸）、径（徑）、泾（涇）、劲（勁）等几个以"巠"作声旁的其他字。

茎	**茎**（莖），小篆作 𦯧，是植物的主干，是直的、纵的。
颈	**颈**（頸），小篆作 𩑩，是脖子，脖子是直的。
径	**径**（徑），小篆作 𢓭，本义是步行小路，人行取便，多走直线，所以又有近路的意思。《论语》中说"由不由径"，用的就是这个意思。
泾	**泾**（涇），金文作 𣲙，是由北向南的流水。我国传统上以南北为纵，东西为横。
劲	**劲**（勁），小篆作 𠡠，是强健有力。到底是松弛柔软，还是紧张绷直，能给人强健有力的感觉？不言自明。

所以汉字的声旁很多也有标义的作用，许多汉字是形声兼会意的。

人类以衣蔽体，不但可以防寒保暖，更是文明的象征，华夏民族更重视衣冠服饰，古人认为华夏族的"华"，就是"章服之美"，"夏"就是"礼仪之大"。

字形流变

甲骨文	金文	小篆	隶书	楷书

甲骨文作 𧘇，象衣领、两袖、两襟相掩之形。

义项组词

① 本义：衣服、衣裳、衣袖、棉衣、衣衫褴褛、衣不遮体。

② 像衣一样覆盖的：糖衣炮弹。

字例概述

　　"衣"或用作声旁，如哀、依、裔。或表义，都与衣服有关。作偏旁或作"衣"，如裁、裳、袋、袈、裂、裒（褭）、装、衮、袈、裟、袭（襲）、装、制（製）等；或在"衣"的上下两部分之间插入声旁，如褒、衰、裏、裹、寒、衰、裹、褻（褻）、衷，等；又常写作"衤"，其实为"衣"，其形类"示"，所以俗称"衣示旁"，如袄、被、补（補）、衬、初、褂、裤、裸、袍、裙、衫、袜、袖，等等。

　　在表、袁、罷等字中，"衣"字稍有形变。我们看到字中有"化"，无论其字如何书写，都提示我们这个字跟衣服有关，至于"畏""展"等字的下半部分，跟衣服没有任何关系，不能写成"化"。

──┤ 趣字析义 ├──

复（複），小篆作 ，从衣复声，本义是有里的衣服。是"复杂"的"复"的本字。"重复"的"复"，繁体作"復"，本义是返回。

衮，金文作 ，还有更欢乐的一体作 ，从衣公声，是古代王公的礼服。隶书作 ，楷书作衮。

里（裡、裏），小篆作 ，从衣里声，与"表"相对，与"裡"是同一个字。表示"里社""公里"的"里"，繁体不能写作"裏"。

衰，小篆作 ，从衣从 ， 是古代草编的雨衣，也就是"蓑衣"的象形，所以"衰"本义是蓑衣，后假借为"衰弱"的"衰"。隶书作衰，楷书作衰。本义又加了"竹"或"艹"表示。

襄，金文作 ，小篆作 ，《说文解字》认为，表示解衣耕地。

──┤ 似非而是 ├──

表，小篆作 ，从衣从毛会意，表示衣物的"表"，后泛指事物的表面。隶书作表，"衣"的点横与"毛"的首笔合为一体了，遂成今形。

袁，甲骨文作 ，从又（手）从衣○（yuán）声，本义是穿衣。金文作 ，小篆作 ，手放到了衣上面，后来"屮（手形）"与"衣"上部合并成了"土"，这就是隶书的表，楷书作袁。成语说"衣来伸手"，穿衣服时，两手长伸，则"袁"字有"两手前伸"的含义，所以**猿**、**辕**、**远**等字从之。"**猿**"的双臂很长；车"**辕**"是向前伸展的两根长木；"**远**（遠）"也有伸展的意思。

在远古的时候，人类力量单薄，常乞灵于天地神祇以及祖先，以获得内心的安顿和精神的慰藉。

───┤ 字形流变 ├───

甲骨文	金文	小篆	隶书	楷书

甲骨文作 ↑、 ↑ 、 ↑ 等形，象表示神主（可以理解成牌位）的木表或石柱之形，也有人说是祭台，《甲骨文字典》认为两边的点是装饰的笔画。

───┤ 义项组词 ├───

本义为神，祭神时向神陈祭，显其虔诚，所以引申为给他人看：表示、显示、示众、暗示、示威、示范、示弱。

───┤ 字例概述 ├───

"示"作偏旁，在字下部时字形不变，如禀、祭、禁、奈（柰）、崇、斋（齋）、宗，等等；在字左边时，常写作"礻"，其实为"示"，其形似"不"，所以俗称"示不"旁，如禅（禪）、祠、祷（禱）、福、祸（禍）、礼（禮）、祁、禄、祇、祈、祺、社、神、视（視）、祀、祥、祯（禎）、祝、祖、祚，等等。

"票"下面的"示"，是"火"字的形变，"标（標）"和"际（際）"现在从"示"，都是简化的结果，本不从"示"。

趣字析义

福

甲骨文作🍶等，是酒器的象形字。以酒祭神，祈求降福，故甲骨文用为"福"字，或体加"示"作🍶等。金文作福，遂成今形。

祭

甲骨文作🍖，从又从夕（肉）会意，以手持肉，表示祭祀，金文从月（肉）从又从示会意，遂成今形。

礼　　礼（禮），见本册豆部"礼"字说解。

奈　　奈（柰），小篆作🍎，从木示声，本来指一种水果，作"无奈"的"奈"是假借用法。

神　　神，见第一册雨部"申"字说解。

祝　　祝，甲骨文作🙏，从示从👤会意，表示人在神主（牌位）之前，有所祈祷之形。甲骨文或体作👤，与👤（兄）不同。

宗　　宗，甲骨文作🏠，从宀从示会意，表示宗庙之下有神主。

中华民族重视历史，早在殷商时代，就已经"有册有典"。后来竹简编成的书册作为书写的工具，一直使用到南北朝时期。

字形流变

| 甲骨文 | 金文 | 小篆 | 隶书 | 楷书 |

甲骨文作 ⊞ ，象用丝绳穿起的竹简之形。金文、小篆字形与甲骨文相似。古代文书用竹简记录，编简为册，后凡簿籍均可称"册"。"册"与"策"同，前者为象形字，后者为形声字，后来二者的含义才有了分化。"册"指载体，"策"指内容。

义项组词

① 古代指编好的竹简，现在指装订好的本子：名册、画册、册页、纪念册、注册、人手一册。

② 特指皇帝的诏书：册文、册书。

③ 赐封：册封、册立。

④ 量词，指书籍：一册书。

字例概述

在删、珊、姗、跚、栅,等字中，"册"字用作声旁。在扁、典、侖(仑)、嗣等字中，"册"有表义作用，还发生了形变。

───┤ 似非而是 ├───

典

甲骨文作 㒳，从 册（册）从 廾（gǒng）会意，以手捧册，表示重要的文献，如：典籍、引经据典；重要典籍记载的内容，应当认真遵守，如：典范、典型、法典；引申为庄严义，如：典重；又指重要仪式，如：典礼、开国大典。金文作 㒳，由两手 廾 讹变为"六"，遂成今形。

嗣

甲骨文 㒳，从册从大子会意，子亦声，古代诸侯册立大子（即太子，嗣位之子）必宣读册词。金文作 㒳、㒳，已经是从册从口司声了。

扁，小篆作 㒳，从户从册会意，表示在门户上题字，是"匾"字的本字。详见本册户部"扁"字说解。

仑（侖），小篆作 㒳，从亼（jí）从册会意，"亼"同"集"，聚集竹简，一片一片必须依据前后次第，否则内容就乱了，所以有"次第"的含义。人伦、论说、抡选、经纶皆有"次第"的含义，所以伦（倫）、论（論）、抡（掄）、纶（綸）等字从之。

人类最早使用石头制作工具，在这个过程当中，他们发现可以任意打造的天然铜。这是人类最先使用的金属。中国的先民把铜称作"金"。人们用"金"来制作武器、农具、饮食器、乐器，并在上面刻铸文字，这就是"金文"。用"金"铸出来的器物，本来都是金光闪闪、非常华美的，可是从上古流传到今天，它们早已经生满了青绿色的铜锈，所以我们把它们称为"青铜器"。人类后来又发现了金、银、铁等，都以最初发现的"金"来归类，称它们为"金属"，后来专指黄金。

字形流变

甲骨文　　金文　　小篆　　隶书　　楷书

最早见于金文，作 ꙮ、ꙮ、ꙮ、ꙮ、ꙮ、ꙮ 等多体。《甲骨文金文字典》认为，从土今声，因为矿石从土中得到；Λ 即"今"，是声符；两点、三点、四点同义，都是铜块形；也有人说是冶炼时溅出的铜水；还有人说是埋藏于土中的矿石。

义项组词

① 本义，铜，铜器：金文、金石之学。

② 泛指金属和金属制品：金属、金创、合金、鸣金收兵。

③ 特指黄金：金色、金银、金粉、金矿、金鱼、金丝猴、（金玉其外，败絮其中）、金碧辉煌。

④ 钱财：金钱、罚金、拜金主义。

⑤ 比喻珍稀、宝贵、坚固的东西：金科玉律、金榜题名、金石为开、固若金汤。

字例概述

"金"作偏旁，或用在字下，字形不变，如鏖、釜、鉴（鑒）、銮（鑾）、鑫，等等；或用在左边，"金"字的横变为提，并简化为"钅"，多是形声字。

人类发现了铜之后，原来用陶土制作的器物，就尝试使用铜来铸造。其中包括了很多的饮食器，"鼎"就是其中之一，后来"鼎"成为重要的礼器，并成了政权的象征。

字形流变

| 甲骨文 | 金文 | 小篆 | 隶书 | 楷书 |

甲骨文作 🐾 、🐾 、🐾 等形，都是三足（文字只表现了两足）两耳圆腹的鼎的象形，最后一体发展为今形。足上的突出是装饰。金文字体更多，有🐾、🐾、🐾、🐾、🐾 等形。其中的最后一体，"鼎"耳的部分用一横画表示，上面与"目"同形了。

义项组词

① 三足两耳的器物名，用作炊煮器和礼器：钟鸣鼎食。

② 鼎有三足，故以哈三方并峙的态势：鼎足、三足鼎立。

③ 鼎多巨大沉重，故以喻大：鼎力相助、鼎盛。

④ 古代视为立国重器，是政权的象征：九鼎、定鼎、问鼎、鼎祚。

字例概述

"鼎"在鼐、鼏等字中作形旁。在具、员（員）、贞（貞）、则（則）等字中，其实也有发生了形变的"鼎"。

似非而是

具

| 甲骨文 | 金文 | 小篆 | 隶书 | 楷书 |

甲骨文作 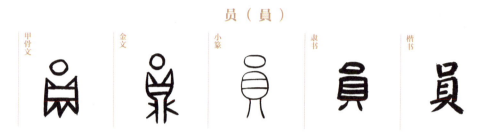，从 （拱）从 （鼎）会意，双手捧着装有酒食的鼎，表示准备饭食，因此有置办、准备的意思。小篆作 ，上面的"目"实际上是鼎形的简化，两侧的竖画与下面的横相接，就是楷书 具 ，所以"具"里面要写三横，不能写成两横。

员（員）

甲骨文作 ， 象鼎口的圆形， 象鼎形，所以"员"是"圆"的本字。小篆作 ，"鼎"形讹成了"贝"形。后来"员（員）"被假借为"人员"的"员"，本字加了"口"来表示，即"圆（圓）"。

则（則）

金文作 ，从鼎从刀会意，古代曾把法律条文刻在鼎上，所以以"鼎"和"刀"来表示法则。小篆作 ，"鼎"也讹成了"贝"。

贞（貞）

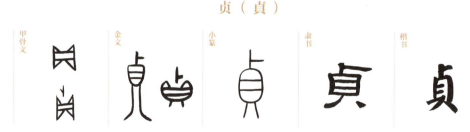

甲骨文中，借"鼎"字表示卜问的意思，后来省作 ，并加"卜"作 。"卜"是烧灼甲骨的裂纹，表示占卜。金文作 。后来 （鼎）与 （贝）形近而讹，作 ，遂成今形。

食物对人类的重要性是不必说的，所以我们有句俗话，叫"民以食为天"。

甲骨文	金文	小篆	隶书	楷书

甲骨文作，象有盖的食盒之形，今形仍之。

—————┤ 义项组词 ├—————

① 本义：食物、食品、粮食、肉食、素食、嗟来之食。

② 吃、吃饭：食不甘味、食禄、食言，日食、月食。

—————┤ 字例概述 ├—————

从"食"的字，都与饮食有关，如飧、飨、餍、餐、饕、饔、养（養）；用在字的左侧，简写作"饣"，如饥（飢）、饭（飯）、饮（飲）、饲（飼）、饱（飽）、饰（飾）、饼（餅），等等。

—————┤ 趣字析义 ├—————

余（餘）

| 甲骨文 | 金文 | 小篆 | 隶书 | 楷书 |

甲骨文作余，象以木柱支撑地面之形，甲骨卜辞已借用为第一人称代词。"多余"繁体作"多餘"，第一人称之"余"、姓氏之"余"，繁体不能作"餘"。

飢饑　飢，是现在"饿"的意思；
饑，是谷物不熟、荒年。二者有时通用。简体都作"饥"。

饿　饿（餓），是严重的"飢"，以至于影响健康。

扫帚是居家清洁的常用器具，而且在古代社会当中，因为男女分工的不同，使得这个劳动工具上，也留下了古代文化的影子。

字形流变

| 甲骨文 | 金文 | 小篆 | 隶书 | 楷书 |

甲骨文作 λ、λ，象扫帚之形，《甲骨文字典》说"古代以某种植物为帚"，我们乡间正有一种"扫帚菜"，是一种枝叶细密的草本植物，秋天长成以后以整株为一把扫帚；则字下之 λ 应是植物的根，《甲骨文字典》说，字中之 ⊢ 是增饰，编者认为，要是理解为放置扫帚的架子也不算太谬。在**索**、**系**等字当中，下端的三叉都是绳索的象形，乡间的扫帚，都是要用高粱秆或竹条在架子上捆扎的，λ 可以理解成捆扎扫帚的绳索；在**乱**字当中，"冂"表示理丝的架子，"帚"字的 ⊢，是否可以理解成捆扎扫帚时要用到的架子呢？

义项组词

本义：扫帚、筡帚。

字例概述

从"帚"的字，除扫（掃）表示本义之外，都与妇女有关，如妇（婦）、归（歸）等。

─── 趣字解形 ───

归（歸）

| 甲骨文 | 金文 | 小篆 | 隶书 | 楷书 |

甲骨文作，从帚（妇省）自（zhuī）声。或体作，上面增加了表示行动的字符"止"。《说文解字》解释为女子出嫁。后来因为左边由自和止两部分组成，所以省作两笔作丨丨，右边省作"彐"，作"归"。

妇（婦）

| 甲骨文 | 金文 | 小篆 | 隶书 | 楷书 |

甲骨文假借（帚）为"妇（婦）"，金文同之，或加"女"字，作，是会意兼形声字，洒扫是古代妇女的日常工作，这与以"田"和"力"会意为"男"是同样的道理。后来，"婦"字右侧省为"彐"，简化为"妇"。

侵

| 甲骨文 | 金文 | 小篆 | 隶书 | 楷书 |

金文作，从人从又持帚会意，《说文解字》说，表示像扫地一样往前赶，所以是渐进的意思。"侵陵"也就是"渐逼"。后来引申为侵犯的意思。小篆作，隶书作侵，省写了"帚"字下的"巾"。楷书作侵。"浸"表示物为水所渐润，与"侵"含义相近。

第三册检字表

4

字课日日新

池玉玺 编著

器官
手足

知识产权出版社

图书在版编目（CIP）数据

字课日日新. 4 / 池玉玺编著. — 北京：知识产权出版社，2018.1

ISBN 978-7-5130-5272-6

Ⅰ. ①字… Ⅱ. ①池… Ⅲ. ①识字课—小学—教学参考资料 Ⅳ. ①G624.223

中国版本图书馆CIP数据核字（2017）第278403号

内容提要

本书以字形为切入点，选取了1000余个有代表性的常用汉字，介绍其字形演变、字义来源，并以基础汉字为纲，略述其他相关汉字。按内容分为天文、气象、地理、植物、动物、器用、器官、手足、姿态九大类。旨在使初学汉字者明了汉字字形的道理，了解汉字的基本常识，并获得汉字学习、书写的趣味。

责任编辑: 龙　文　　　　　　责任校对: 谷　洋
装帧设计: 品　序　　　　　　责任出版: 刘译文

字课日日新. 4
Zike Ririxin. Si

池玉玺　编著

出版发行	知识产权出版社有限责任公司	网　　址	http://www.ipph.cn
社　　址	北京市海淀区气象路50号院	邮　　编	100081
责编电话	010-82000860 转 8123	责编邮箱	longwen@cnipr.com
发行电话	010-82000860 转 8101/8102	发行传真	010-82000893/82005070/82000270
印　　刷	北京科信印刷有限公司	经　　销	各大网上书店、新华书店及相关销售网点
开　　本	720mm×1000mm 1/16	总 印 张	23.75
版　　次	2018年1月第1版	印　　次	2018年1月第1次印刷
总 字 数	350千字	总 定 价	120.00元（全五册）

ISBN 978-7-5130-5272-6

第四册目录

第七章　器官

第八章　手足

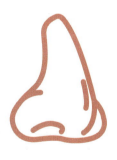

第七章　器官

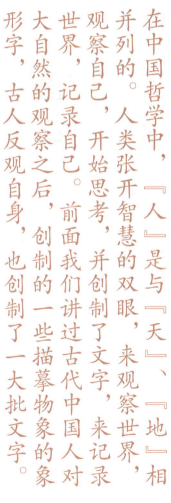

在中国哲学中，『人』是与『天』、『地』相并列的。人类张开智慧的双眼，来观察世界，观察自己，开始思考，并创制了文字，来记录世界，记录自己。前面我们讲过古代中国人对大自然的观察之后，创制的一些描摹物象的象形字，古人反观自身，也创制了一大批文字。

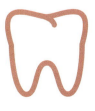

——┤ 字形流变 ├——

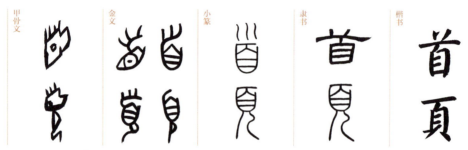

首，甲骨文作👋，象人首之形，上面像头发的样子。金文作👉，只剩下头发、发际线和眼睛。或体作👉，是小篆👉的来源，隶书作首，作了进一步的减省，楷书作首。

页（頁，xié），甲骨文作👉，象人发、首身全形，头部与甲骨文"首"同形。整个身体头部比较夸张，起到突出作用，所以与"首"同义。金文作👉，但作偏旁时已经没了"头发"，作👉。

——┤ 义项组词 ├——

首：

① 本义，头：首级、斩首示众、狐死首丘。

② 引申为第一、最重要的、最先的、领导：首脑、元首、首先、首难、首都、首府、首当其冲、首屈一指、群龙无首。

③ 告发：出首、自首。

④ 诗词曲的量词：唐诗三百首。

页：

本义是头，但此义现在只用作部首，**本字假借为书页**：册页、一页纸。

字例概述

从"首"的字，与头有关，如道、馘、馗，等等。

从"页"的字，绝大多数也都跟头有关系，如项（頂）、项（項）、顾（顧）、颈（頸）、领（領）、
顸（顢）、颜（顏）、硕（碩）、颊（頰）、领（領）、头（頭），等等。

趣字析义

道 | **道**，小篆作䢞，从辵首声，但后来"首"的读音发生变化，已经看不出"道"本是形声字。

顷 | **顷（頃）**，小篆作顷，从匕从页会意，本义是头不正，是"倾"的本字，"颖"就是从禾顷声的形声字。

顺 | **顺（順）**，小篆作順，从川从页会意，《说文解字》段注认为，从头到脚，正如河流之从上游到下游，都是很"顺"的。

烦 | **烦（煩）**，小篆作煩，从火从页会意，"烦"就是有火在头，非常形象。

题 | **题（題）**，小篆作題，从页是声，本义是额头，所以"引申为凡居前之称"。

颜 | **颜（顏）**，小篆作顏，从页彦声，本义是指眉之间的位置，《说文解字》段注认为，《说文解字》的以"颜"为"眉目之间"是不对的。

颗 | **颗（顆）**，小篆作顆，从页果声，本义是小头，后来"小物一枚"都可以称为"颗"，而且多指圆形的"小物"。

嚚 | **嚚（囂）**，金文作囂，从四口从页会意，表示众口喧哗。

颇 | **颇（頗）**，小篆作頗，从页皮声，本义是头偏，后来引申为不公正、偏重、过度。

颐

颐（頤），小篆作 ,从页从匝会意,匝亦声。

匝,金文为 ![],象带须的腮部之形,小篆为 ![],更像侧脸,并标示出腮部,所以"颐"是腮部的意思。隶书作 ![],楷书作 ![],有作 ![]者,后作 ![],与"臣"形似,但并没有关系。

显

显（顯），金文作 ![],从丝从页会意,表示人在视丝;或作 ![],表示人在日下视丝,都是要使"丝"更加"明显"。详见第一册日部"显"字说解。

顾

顾（顧），小篆作 ![],从页雇声,表示回头。

─────┤ **似非而是** ├─────

夏

夏,有人认为甲骨文 ![]为"夏"字,可以视作从日从页的会意字,用人举头望日来表示天热,后来在演变过程中,省去了"日",并加"止（足）"加"臼（两手）"繁化为小篆 ![],后隶书省作 夏。表示夏天,假借为族名。

悬

悬（懸），金文作 ![],象首级系于绳索、悬于木杆之形。小篆作 ![],只留下绳索和倒垂的首级。战国末年,各国实行郡县制, ![]假借为"县（縣）市"之"县（縣）",于是在本字上另加"心"来表示悬挂的意思,作"懸"。

─────┤ **节外生枝** ├─────

| 甲骨文 | 金文 | 小篆 | 隶书 | 楷书 |

而,甲骨文作 ![],象颔下的胡须之形,后发展为今形。作连词、语气词,都是假借用法。

"目"都是"首"和"页"的主体部分，可以代表头部，也可以代表面部。

字形流变

甲骨文	金文	小篆	隶书	楷书
	缺		面	面

甲骨文作 ⬳ ，()象面部轮廓形，"目"是脸上的重要器官。

义项组词

① 本义，面部，等于现在说的"脸"。"脸"字在魏晋时期才出现，而且只指两颊以上的部位，唐宋以后才指整个面部，这是文字含义的扩大：脸面、面庞、满面春风、面目全非、面面相觑。

② 用脸对着，向着：面对、面向、面南、面壁思过。

③ 会见，直接面对的：当面、面议、面谀、耳提面命。

④ 尊严、感情：面子、颜面、情面。

⑤ 方位，部分：前面、反面、片面、全面、多面手、面面俱到、八面玲珑。

⑥ 量词，多用于扁平的物件：一面鼓。

字例概述

"面"多作声旁，如湎、缅(緬)、腼(靦)、麺(麵)、黡(黶)等。其中面(麵)，本是指小麦磨成的粉，简体作"面"，与"脸面"的"面"混同了。

前两个字已经提到"目",眼睛是人非常重要的
器官,被称为"心灵的窗口"。

字形流变

| 甲骨文 | 金文 | 小篆 | 隶书 | 楷书 |

甲骨文作 、 等形,是眼睛的象形,竖写就是今天的字形了。

义项组词

① 本义，眼睛：目光、醒目、历历在目、美目盼兮、目空一切。

② 目光，视力，态度：目极千里、刮目相待。

③ 想要达到的地点、境地或想要得到的结果：目的、目标。

④ 类别、名称：名目、条目、数目、项目、目录、目次、门纲目科属种。

⑤ 孔眼：网目、纲举目张。

⑥ 指为首的人：头目。

字例概述

从"目"的字，都与眼睛有关，如眯、看、瞧、瞅、瞪、睡等，或者横写作"罒"，如曼、蜀、梦(夢)等。

趣字解形

见（見）

甲骨文作🐦或🐦，以夸张其目的人形表示"看见"。金文同之，作🐦、🐦等形。见是草书的楷化，后为简化采用。

眉

甲骨文作🐦或🐦、🐦，强调的是人的眼睛和眉毛。金文作🐦，后来发展为今形。

省

| 甲骨文 | 金文 | 小篆 | 隶书 | 楷书 |

甲骨文作🌿，从目生声，"生"字的末笔与"目"的上边写成一笔了，表示视察。金文作🌿，与甲骨文同。或作🌿，小篆作𥄕，上为"生"字。隶书作省，"少"是小篆"生"字的形讹，与"多少"的"少"无关。

直

| 甲骨文 | 金文 | 小篆 | 隶书 | 楷书 |

甲骨文作🌿，从丨从目会意，以目视悬锤，以取得"垂直"的参照标准。金文作🌿，上面的"丨"，变为"十"，这是常见的"竖画加点，点变为横"的现象，金文下面的"L"表示取直的另一种工具矩尺，后简化为"一"。

―――― 趣字析义 ――――

看，小篆作𥄕，从手从目会意，表示以手搭在眼睛上观看。

泪，从氵从目，是会意字；泪，从氵戾声，是形声字，后来简体选择了"泪"。

曼，金文作🌿，从又冒声，中间的"罒"是"目"字的横写。

瞢，从目苜声，表示 不明。苜即"梦"字。

蜀，甲骨文作 🙾，象蚕之形，夸大的眼睛，是头部的减省，下面像虫子蜷曲的身体。后来又加了义符"虫"，作 🙾，来说明它的属性，小篆作 🙾，隶书作蜀，遂成今形。

臣

甲骨文作 🙾，是一只竖着的眼睛，表示"低眉顺目""俯首称臣"。在望（朢）、监（監）等字中，"臣"也是表示眼睛。

民

金文作 🙾，表示以锥刺目。古代以战俘为奴隶，并刺伤其左目为标志，防止他们逃跑。后来指平民百姓。

──┤ 似是而非 ├──

鼎、具不从"目"，见第三册全部"鼎"字说解。

我们向人指称自己，会用手指指向哪里呢？一般都是鼻子。那"自己"和"鼻子"有什么关系，"鼻"为什么也带个"自"？

字形流变

| 甲骨文 | 金文 | 小篆 | 隶书 | 楷书 |

甲骨文作 、 等形，是鼻子的象形，中间是鼻头，两边的线画出鼻翼。金文规整化，作 、 等形。

义项组词

① 本义，鼻子，引申为自己：自我、自然、自由、自信。
② 介词：自西向东、自从。

字例概述

"自"在"洎"中作声旁，在鼻、臭、臬等字中作形旁。

趣字析义

鼻，小篆作 ，从自畀声，"自"被用于代词自己和介词"从"之后，本义另造"鼻"来代替。

臭，见第二册犬部"臭"字说解。

臬，甲骨文作 ，从自从木会意，表示射箭时对准木靶，而以鼻子为瞄准器，所以引申为"标准"。

──── 字形流变 ────

甲骨文作 ，象耳形。金文作 ，后来笔画渐平直，作 ，楷书只是将笔画略加伸展，以与"目"相区别。

──── 义项组词 ────

① 本义，耳朵：耳目、耳垂、耳顺、忠言逆耳。

② 形似耳朵的：木耳、银耳。

③ 位置似耳朵，居两侧的：耳房、耳门。

④ 听力：耳背、耳闻。

⑤ 文言语气词，相当于而已、啊。

┤ 字例概述 ├

　　"耳"在洱、饵(餌)、珥、弭等字中,作声符;在取、聅、聪(聰)、奔、耽、聊、聒、聩(聵)、聊、聆、聋(聾)、聂(聶)、圣(聖)、眘(聳)、闻(聞)等字中,有表义作用。

—┤ 趣字解形 ├—

取

甲骨文作𦥑,从耳从又会意,表示割取敌人耳朵。古代打仗,要以割取敌人左耳朵的数量来计算杀敌人数,好论功行赏。

声（聲）

甲骨文作𣪊,从殸(殸,即磬)从𦔮(听)会意。后来省去"口",遂成今形。

殸,甲骨文作𣪊,从↓从卩从殳,↓象悬挂乐器磬的绳子;卩象磬形,这是一种用石头磨成的,大体成钝角三角形状的乐器;殳表示持棒击磬。后来增加了表示材质的"石"成了"磬"。

圣（聖）

甲骨文	金文	小篆	隶书	楷书

甲骨文作，从口从耳从人会意，表示善于听闻。金文作或聖，后一体下面加了土，人在土上会意为挺立，是"挺"的本字。"圣"本读 kū，比较生僻，后来作了"聖"的简化字。

───┤ 趣字析义 ├───

耻 耻（恥），小篆作，从心耳声，作"恥"。后来"心"与"止"形似而讹，就成了"耻"。

聪 聪（聰），小篆作，从耳悤（cōng）声，本义是听力好。

敢 敢，小篆古文作，从彐（即"又"）从冃从殳会意，表示用爪用殳冲冒向前。

耿 耿，金文作，表示光明，见第二册火部"耿"字说解。

聋 聋（聾），小篆作，从耳从声，本义是生而耳聋，后来假借为"高耸"的"耸"。

听 听（聽），甲骨文作，从口从耳会意。金文作。小篆一体作听，从口斤声。作"聽"，是从耳德，壬（tǐng）声。耳德，即耳有所得，表示听。

职 职（職），小篆作，从耳戠（zhí）声。"职"是"记"的意思。段玉裁说，"凡言职者，谓其善听也"，故从耳。

字形流变

甲骨文	金文	小篆	隶书	楷书

甲骨文作𝖚，是口的象形字。

义项组词

① 本义，嘴：口齿、口舌、病从口入、良药苦口。

② 像口一样供出入的：窗口、门口、关口、碗口、井口、伤口、火山口。

③ 言语的：口头、口才、口若悬河。

字例概述

　　"口"除在扣、叩等字中用为声旁，其他使用非常广泛，或作语气词，如啊、唉、吧、哼、啦、呀、吗、哪、呢、嗯，等等；或作拟声词，如嗷、叭、嗒、咣、唧、哐、喵、咩、哗，等等；或表示由口实施的动词，如喝、唱、吹、吃、叼、叮、吠、吩、咐、喊、嚷、号等，或表示与口有关的名词、形容词，如呆、喙、嗓、哨、舌、喷(噴)、兄、哑、嘴、喋、哽、古和喋、喜、响(響)、叶、噪、哲，等等；或用为表示突出事物某种特性的字符，如高、吉、古、如，等等。

　　在为数不少的文字中，"口"有其他含义，如各、合、后、回、石、史、向、杏、邑、中、足，等等，并非"嘴巴"。

趣字析义

和

和，见第二册禾字“和”字说解。

加

加，金文作，从力从口会意，《说文解字》认为是“语相增”，段玉裁更注为“有力之口”，即虚假增饰的话，《左传》里“牺牲玉帛，弗敢加也，必以信”，用的就是这个意思。按，“力”是耒耜的象形字，引申指“力气”。劳动时，喊号子，齐用力，其力必增，这样来解释“加”，是不是更直观呢?

句

句，金文作，从口丩（jiū）声，读作gōu，“丩”表示相纠缠。“句”表示弯曲，俗体作“勾”。加“口”应属古文字当中常见的“无义增繁”。读作jù，表示语言文字的一个完整停顿，用法较后起。

可

可，甲骨文作，从口丂声。其中丂是曲柄斧的斧“柯”形，“柯”就是把手。“可”表示许可，而“反可”为“叵”，就是“不可”了。

舌

舌，甲骨文作、、等形，或说“口”表示铃铎，上面的部分表示铃舌，振动发声之后，有所宣“言”，有所“告”诉，所以**言**、**舌**、**告**、**音**同源；或说“口”为蛇口，上面的分叉是蛇的舌头。小篆作。

台

台，金文作，从口𠂤（以）声，读作yí，是“怡”的本字，后来才作“臺”的简体字。

吴

吴，金文作，从口从夭会意，表示人侧首欢呼，是“娱”的古字。

嚣

嚣，见本册页部“嚣”字说解。

叶

叶（xié），甲骨文作，“丨”即“十”。同“协”。金文作，小篆作。《文字蒙求》认为，“古”是纵说，而“叶”是横说，横说，即是处于同一空间的多人一起商议，故得有“协同”之意。这只是为了理解字义，算是“戏说”吧。后来“叶”作了“葉”的简体字。

右，甲骨文作 ，即"又"，象右手之形，表示"左右"之"右"和"佑助"之"佑"。金文加"口"作 ，表示"佑助"之"佑"，来分担"又"的含义。后来，"又"专用作副词，表示再，其"左右"的"右"的意思，由"右"字专任，"佑助"的意思，又由"佑"承担。左，详见"左"字说解。

占，甲骨文作 ，从卜从口会意，以口问卜，本意是问占卜的吉凶，音 zhān，表示"占领"是假借用法。

"卜"是象形字，甲骨文作 ，表示用于占卜的甲骨上的裂纹，其读音也是占卜时燃烧甲骨裂开的声音。

知，见"知"字说解。

只，小篆作 ，从口从八会意，"八"象出气之形，"只"本是语气词，在《诗经》中经常使用。现在作量词的"只"，本来写作"隻"，详见第二册"隻"字说解。

---| 似是而非 |---

笔画讹变

吊

| 甲骨文 | 金文 | 小篆 | 隶书 | 楷书 |

甲骨文作 ，从人从 ，表示人在弋射，后来笔画讹变，成为"吊"形。

回

回，见第一册水部"回"字说解。

中

| 甲骨文 | 金文 | 小篆 | 隶书 | 楷书 |

甲骨文有中、、等体，学者唐兰认为表示古代的旗帜，有事聚众，则树旗帜于旷地之中，大家看到之后，可以聚拢而来，树旗之处即为"中"，所以"中"有中间、中央的意思。唐兰认为，古文字凡垂直之线中间恒加一点（金文中有此一体作），此点双钩写出，即为，省去旗帜的旒，即为。

原来是"○（yuán）"

袁、员（員）两字的"口"，都是声旁"○"作方形得到的，分别见第三册衣部"袁"字说解、第三册鼎部"员"字说解。

他物象形：

各，"口"表示山洞，见本册止部"各"字说解。

谷，"口"表示空地，见第二册口部"谷"字说解。

合，"口"表示盒身，见第二册皿部"盒"字说解。

后，"口"是孩子的头部象形，见第五册子部"后"字说解。

吕，甲骨文作吕，或说象宫室的门窗形，或说象铜块形，或说象脊骨形，总之并非是二口。

舍，金文作，或作，与"余"同源，表示用柱子撑起屋顶，"口"表示可居住的空地。假借用作"舍弃"。

石，"口"是石块形，见第一册"石"字说解。

向，"口"表示房屋北墙上的窗口，见第三册宀部"向"字说解。

杏，小篆作，《说文解字》认为，是从木向省声，但段注提到，唐代《说文解字》的版本是"从木从口"，要是理解为"从木从口"，"口"象杏果之形，也未必为误。"梅"的古体，就作"楳"，"梅子"比"杏子"个小而果繁，所以"杏"是杏，"楳"是梅。

邑，"口"是"围"的本字，象城邑之形，**国**（國）、**圃**、**囷**、**园**（園）等从之，详见前页"○"字说解。

足，"口"表示腿部，或膝盖，见本册止部"足"字说解。

同、串、品、器等字中的"口"，都是表示一般东西的符号，并无专指。
史、事、吏等字同源，其中的"口"，是绑在武器上起辅助作用的重物，详见本册又部"史、事、吏、使"说解。

———— ┤ 似非而是 ├ ————

曰

甲骨文	金文	小篆	隶书	楷书

甲骨文作，一直到小篆，都未发生大的形变，《说文解字》认为，上面的弯笔表示口气外出，所以表示说话。隶书形似"日"，"曰"取方形，"日"取长形，以作区别。

甘

甲骨文作 ，从口含"一"会意，表示口中食物甘美。后来上部的笔画稍加伸展，也是为了与"日"相区别。

────┤ 节 外 生 枝 ├────

突出特性的"口"

高

甲骨文作 ，表示在高地上建造房屋，加"口"来表示其"高"的特性。

古

甲骨文作 、 等形，金文将上面填实，作 ，肥笔又变为横线，作 。小篆作 。《说文解字》认为是"识前言者"，就是"记录以前事情的"。《文字蒙求》更进一步说"十口所传，是前言也"，我们通常将历史作为纵轴，而"古"字中"十"和"口"恰也是上下垂直关系，是纵向相传的十口。

实际上，甲骨文 ，是"固"的本字，上面是"盾"的象形字，下面的口，是为了突出"盾"的特性——坚固。

吉

甲骨文作⚒或⚒，⚒是戈头，⚒是斧头。作兵器的金属，必须坚硬，"口"字是突出其"坚硬"的特性的。金文或体作⚒，后来发展成现在的样子。古人所谓的"吉金"，是指坚硬的铜合金。"吉利"这个词中，"吉"为坚固，"利"为锋利，都是说兵器可用的，引申为佳善、顺利。

若

甲骨文作⚒，象一人跽坐理发使顺之形，故有"顺"义。金文时两手内移，讹似"艹"，一体加"口"，遂发展为今形。加"口"是为了突出原字的特性，详见第四册"口"部说明。

强，甲骨文作⚒，上面是"弓"，下面加"口"，表示"挽弓当挽强"的特性。

如，甲骨文作⚒，从口女声，表示随顺。"女"兼有表义的作用，正如"夫倡妇随"一词的含义。

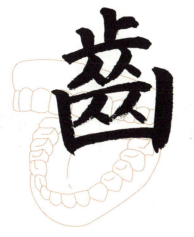

---| 字形流变 |---

| 甲骨文 | 金文 | 小篆 | 隶书 | 楷书 |

甲骨文作 、 等形，象张口见齿之形。战国金文加"止"为声旁，作 。简体字作齿，只保留了一颗牙齿。

---| 义项组词 |---

① 本义，牙齿：门齿、智齿、齿冷、没齿不忘、唇亡齿寒。

② 像牙齿一样排列的：锯齿、齿轮。

③ 提到：齿及、不足挂齿。

④ 幼马每年生一齿，所以以牙齿来判断年龄，故"齿"有年龄义：年齿、马齿徒增。

⑤ 牙齿排列整齐，故"齿"有并列义：不齿人伦。

---| 字例概述 |---

从"齿"的字，都与牙齿相关，如龇、龈、龃、龄、啮、龌、龈、龉，等等，都是形声字。

———┤ 节外生枝 ├———

牙

| 甲骨文 | 金文 | 小篆 | 隶书 | 楷书 |

金文作🔲，当横看，象上下白齿相错之形，所以是我们今天所说的"白齿"的"齿"。小篆作🔲，隶书作耳，只所以写成撇，是为了与"目""耳"等字相区别。"牙"与"齿"的所指，古代和今天恰好互换了。

古人还没有发现大脑的作用，以为心是主管思考的，所以与心情、思想有关的字，多从"心"字。

———┤ 字形流变 ├———

| 甲骨文 | 金文 | 小篆 | 隶书 | 楷书 |

金文作🙰，象心之形。或体作🙰，小篆承之，作🙰。隶书撇变为卧钩，其余三笔作点，即🙰。楷书作心。

---| 义项组词 |---

① 本义，心脏：心肝、心肠、心腹大患。

② 引申为重要的：中心、核心。

③ 古人以为心主思，故心常与思想、感情相关：心理、心事、伤心、痛心、忠心耿耿、心旷神怡。

---| 字例概述 |---

从"心"的字，都与思想、情感有关，绝大多数都是形声字，在字下一般不变形，如悲、怒、忍、感、想等。在左侧时简化为"忄"，与从"心"同，俗称"竖心旁"，如懊、悔、怖、惭、惨、恻（恻）、惆、怅（惆）、怆（愴）、悼、恬、懂、惰、愤、恨等。用在字下时，有时写作"小"，如恭、慕、忝，不能写作"小"。

---| 趣字析义 |---

忐、忑，分别以上心、下心来会意，表示不安的状态。二字是声母相同的"双声词"。

急，小篆作🙰，从心及声，"及"从人从又会意，表示以手抓人，详见本册又部"及"字说解。"刍"形是"及"的变体，⺈是"人"字的讹变，"彐"是"又"字的讹变。"及"是声旁，同时兼有会意的作用。追逐者和被追逐者都是很急迫的。

懈，小篆作🙰，从"忄（心）"解声。

解，从刀从牛从角会意，表示剖解牛角，有分解、离散之意。心志的懈怠，也是志气离散不集中的结果。

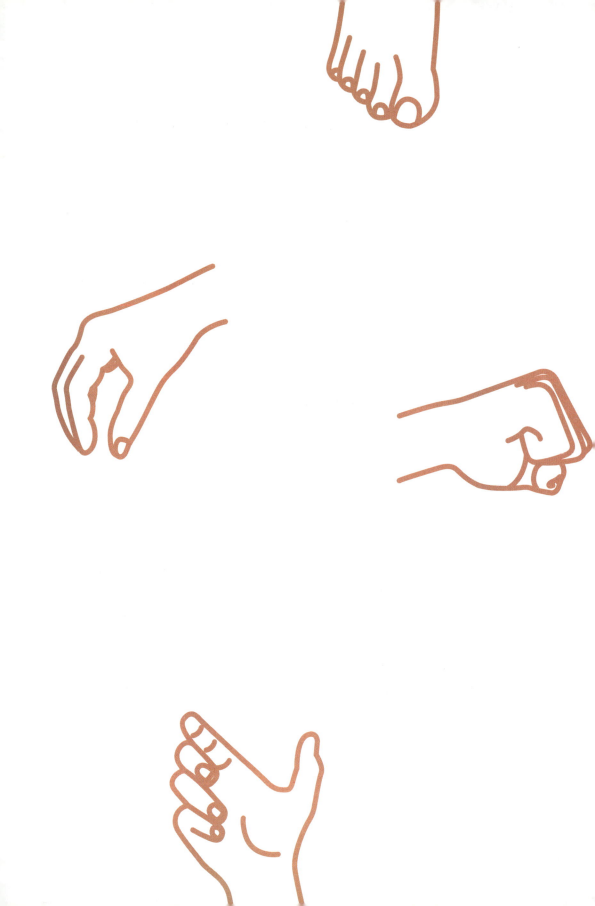

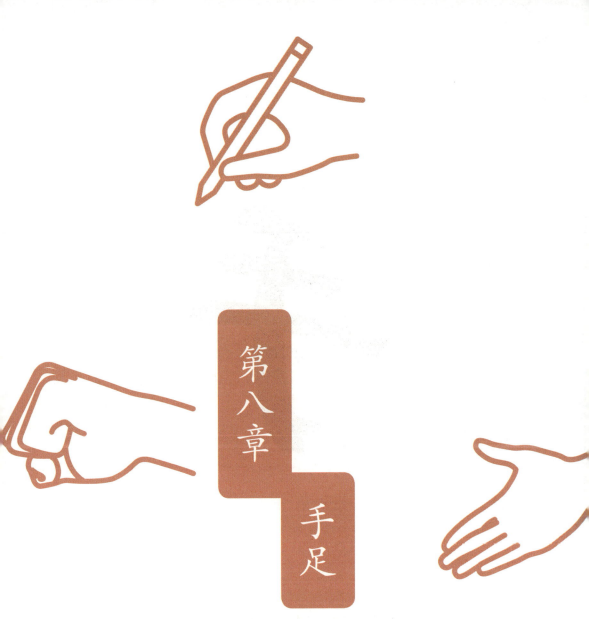

第八章　手足

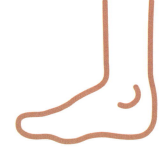

手是人类最灵巧的器官。人类用手劳动、创作，
使得自身一天天向文明进化。手对人如此重要，
围绕"手"，先民创造了很多汉字。

---| 字形流变 |---

甲骨文	金文	小篆	隶书	楷书
缺	𠂆	𠂆	手	手

金文作𠂆，象手有五指之形。

---| 义项组词 |---

① 本义：手掌、手指、手套、左手、联手、棘手、手不释卷。

② 拿着：人手一册。

③ 亲自动手：手稿、手迹、手令、手书、手刃、亲手。

④ 技能、本领：手法、手段、手腕、留一手。

⑤ 做某种事情或擅长某种技能的人：国手、旗手、推手、能手。

⑥ 像人手的工具或动物器官：扳手、触手。

⑦ 小巧易拿的：手枪、手册。

---| 字例概述 |---

从"手"的字，都与手有关。"手"作偏旁，位于字下时，一般字形不变，如拿、擎、掣、擘、摹、摩、擎、拳、挛、掌、挚等；或小有形变，如拜、看，等；最常见的情况，是"手"写作"扌"，因为最后一笔是"提"，所以俗称"提手旁"，多与手施动作有关，如打、找、换、报等。

---| 似非而是 |---

 看，见本册目部"看"字说解。

 拿，从合从手会意。

 失，小篆作�テ，从手乙声，表示失去。

"手"的变体有许多种，其中之一，便是"又"。

甲骨文作╲，是手指的简约象形。如果单独出现，则╲、╱无别；如果二者对称，则╲为右，╱为左。

字例概述

"又"在字中，除了简体字中符号化了的"又"，都表示"手"。

---趣字解形---

反

| 甲骨文 | 金文 | 小篆 | 隶书 | 楷书 |

甲骨文作⿰，从厂从又会意，表示以手攀崖，是"扳"的本字。

攴

攴（pū），甲骨文作⿰或⿰，会意以手持棒击打。所以敲、寇等字从之，是"扑"的本字。小篆作⿰，后作偏旁，不再单独使用。**寇**、**敲**从之。

寇

| 甲骨文 | 金文 | 小篆 | 隶书 | 楷书 |
| 缺 | | | | |

金文作⿰，从冂（宀）从⿰（元）从⿰（攴）会意，在屋宇之下持棒击打人的人，自然是"寇"，本义是动词侵犯，引申为名词侵略者。

敲

敲 小篆作⿰，从攴高声，表示敲击。

受

| 甲骨文 | 金文 | 小篆 | 隶书 | 楷书 |

甲骨文作⿰，从二⿰从⿰会意，二即夊（biào），⿰象托盘形，用以盛物，表示授受。

"授"与"受"是同时完成的动作，古代也只用"受"来表示，后来造了"授"字表示给予的意思，原字"受"表示接受的意思。金文作 ，后来战国秦简上作 （小篆），《说文解字》讹作 ，遂成今形。

殳（shū）

| 甲骨文 | 金文 | 小篆 | 隶书 | 楷书 |

甲骨文作 、 等，从又持殳会意，"殳"是长柄圆头的棍棒。

段，金文作 ，小篆作 ，从殳从耑（duān）省声，是"锻"的本字，"殳"表示以手持物锻打。

殿，小篆作 ，是"殳"作义符的形声字，本义是击打的声音。

毁，小篆作 ，从土毇（huǐ）省声，本义是东西残破，后来"土"变为"工"。

殴（敺、毆），小篆作 ，从殳区（ōu）声，用"殳"为义符，表示持棒殴打。

殸（qìng），甲骨文作 ，从卜从卩从殳会意，详见本册耳部"声"字说解。

杀（殺），小篆作 ，从殳杀声，"殳"表示持棒杀戮。
杀，甲骨文作 ，或说表示被杀的动物四肢和尾巴摊开的样子。

芟（shān），小篆作 ，从艹从殳会意，表示除草。

投，小篆作 ，从手从殳会意，表示投掷。

役，小篆作 ，从彳从殳会意，持殳而行，表示服兵役，后来泛指劳役。

毅，小篆作 ，原意是妄怒或果决，是以"殳"为形旁的形声字，表示"用武"。

殷，金文作 ，从反身从殳会意，本义表示以手持物，治疗腹部有病的人。其他义是假借用法。 是反过来的"身"，详见第五册人部"身"字说解。

<h2 style="text-align:center">友</h2>

| 甲骨文 | 金文 | 小篆 | 隶书 | 楷书 |

甲骨文作 ，从二又，二手相并，会意为友爱相助。小篆时，两手位置变为上下，作 。隶书为友，上面的 变为 ，下面的 变为又。手拉手才是好朋友。

<h3 style="text-align:center">─── 趣字析义 ───</h3>

爱，小篆作 ，从 （悉 ài）从夂（zhǐ）会意，本义是行走的样子。而"悉"，才是本字，表示恩惠。后来假 为"悉"，后来隶书"先"讹变为上"爫"下"冖"，隶书作爱，楷书作愛，简体作爱。

叉，甲骨文作 ，楷书作 ，后来左边的点与捺连在一起，遂成今形。《说文解字》认为是"手足甲也"。

度，见第三册广部"度"字说解。

曼，见本册目部"曼"字说解。

奴，金文作𡚽，从女从又会意。有罪者被收押为"奴"，男女都可以称"奴"，并不限于女性，甲骨文中，从"女"每与从"人"同义，这也可以算是"男女平等"了。

取，见本册耳部"取"字说解。

叔，金文作𣁋，从又朱（shū）声，本义是拾取。作"孟仲叔季"兄弟排行，并引申为父亲弟弟的"叔"，是假借用法。

双（雙），小篆作雙，抓到一只鸟为"隻"，抓到两只鸟为"雙"，简体作"双"。

叙，小篆作敍，从攴余声，表示次第，后来"攴"省作"又"，意义无别。向人述说，也需要有"次第"，故引申为"叙述"。

有，金文作𠂇，从又从月（肉）会意，见第一册月部"有"字说解。

驭（馭），见第二册马部"驭"字说解。

爰，甲骨文作爰，从两又从丶会意，表示以物相援，是"援"的本字。

支，小篆作𢻸，《说文解字》认为是"从又从半竹"会意，是"枝"的本字。"支"在许多字中作声旁，但在"鼓"字中作形旁，详见第三册豆部"鼓"字说解。

隻，见第二册鸟部"隻"字说解。

—— 似是而非 ——

"又"在许多简体中只是纯粹的符号，没有实际意义，如欢（歡）、劝（勸）、观（觀）、权（權）；汉（漢）、叹（嘆）、仅（僅）、艰（艱）；凤（鳳）、鸡（鷄）；戏（戲）、对（對）、邓（鄧）、圣（聖）、树（樹），等等。

─┤ 似非而是 ├─

父

| 甲骨文 | 金文 | 小篆 | 隶书 | 楷书 |

甲骨文作𐤀，郭沫若以为象以手持斧之形，古代男子持石斧劳作，引申为"父母"之"父"。而《说文解字》则认为是"持棒教训"，司其事者是父亲。揆之人情，父母分工，母则鞠养，父则教训，也颇有道理。

及

| 甲骨文 | 金文 | 小篆 | 隶书 | 楷书 |

甲骨文作𐤀，从人从又会意，表示以手触人，即"追及"，所以该字有到达的意思。如及时、及格等。连词"和""跟"的含义，也由本义引申而来。

夬，今音 guài，或以为甲骨文为𐤀，小篆作𐤀。从二又持"◡"会意，"◡"是有缺口的环形玉器"玦"的象形字。所以**玦、决、缺、抉**等字，皆有"缺口"的含义。

事，甲骨文作𐤀、𐤀等形，《甲骨文字典》认为，象从又持𐤀，以搏野兽，𐤀象上端开叉的捕兽器，上面缚有重块，以加强杀伤力。古代以捕猎生产为要事，𐤀、𐤀是"事"的初文，后来分化为若干字，即如《说文解字》所说：**史**，记事者。

"攵"是"攴"的变体，因为字形像"文"，俗称"反文"，实际上与"文"无关，也是以手持棒之形。

"攵"作为义符，多是表示该字为动词，如教、败（敗）、敝、敵、救、敌（敵）、敦、放、改、敢、攻、故、教、敬、敛、玫、枚、敏、牧、启（啟）、散、煞、敖、收、数（數）、畋、效、攸、孜、政、致、做，等等，多是从"攵"的形声字。

敖，见"敖"字说解。

败，见第二册贝部"败"字说解。

敝，甲骨文作巾，从巾从攴会意，本义是以手持棒击巾，或作巾，加点以示"巾"的破败零落。小篆作敝，遂成今形。

敌（敵），小篆作敵，从攴啻（啻）声，本义是对等、匹敌，引申为仇敌。**啻**，从口（kǒu）帝声，音dì；**商**，甲骨文作商，或省"口（wéi）"作商，其中的"口"表示是地名。两个字不能混同。

改，金文作改，从攴从巳会意，"巳"与"子"同，所以表示以持棒教育小孩子，使之改正。

敢，见本册耳部"敢"字说解。

攻，金文作攻，从攴工声，因为"攴（攵）"而有进攻的意思。

教，甲骨文作教、教、教等形，《甲骨义金文字典》认为，"爻"象算筹之形，以算筹教"子"，"攴（攵）"象持棒督促之。持捧而"教"是四千年前的教学思想，如果今天还施行，未免太古老啦！

敬，详见第二册犬部"敬"字说解。

牧，甲骨文作牧，从牛从攴会意，表示以手持棒赶牛。

攸，甲骨文作攸，金文传承之；但更多的金文写作攸，中间加了表示水的三点。小篆作攸，《说文解字》认为，表示"行水"，以人拄杖在水中行走来会意，表示水流的样子。所以有"长"的意思。

上面说到"事"与"史"字同源，实际上也同形，因为彐与"又"一样，也是手的变形；有时还会写作"彐"。

———— 趣字解形 ————

君

甲骨文	金文	小篆	隶书	楷书

甲骨文作，从尹从口会意，《说文解字》认为，"君"上面的"尹"表示手持权杖，下面的"口"表示发号施令。

妻

甲骨文	金文	小篆	隶书	楷书

甲骨文作，以又（手）抓长发女子会意。因为上古蛮荒时代，曾经有过抢掠妇女作为配偶的风俗，后来便以"妻"作为配偶的称谓。

尹

甲骨文作 尹，从又持丨会意，表示以手持权杖，本义为管理，也表示官职。

———— 趣字析义 ————

秉、**兼**，见第二册禾部"秉兼"字说解。

隶，金文作 ，从手持尾会意，表示追及，这个意义读dài，后加"辶"作"逮"。

尽（盡），见第三册皿部"尽"字说解。

事，见本页又部"事"字说解。

聿（yù），甲骨文作 ，从又执 会意，表示以手执笔形。小篆作 ，隶书作聿，楷书作聿。这是笔（筆）的本字，秦以后加"竹"作筆。执笔之事，曰书（書）、曰画（畫）。

书（書），金文为 ，是从聿从者的形声字。小篆作 ，隶书作書，从聿者省声，楷书作 書。草书作 ，楷化后作书，用为简体字。

画（畫），小篆作 ，表示用手执笔画出田的疆界，详见第一册田部"画"字说解。

昼（晝），见第一册日部"昼"字说解。

争（爭），小篆 ，表示两手争夺一物。楷书作爭，简体作争。

彗，甲骨文作 ，是扫把的象形字，后加"又"表示手持，小篆作 ，楷书作彗。在"彗"字中， 稍有形变作"彐"，雪、寻（尋）中的"彐"也是如此。

字形流变

甲骨文	金文	小篆	隶书	楷书

甲骨文作，《说文解字》认为"覆手为爪"，也是手的象形字。

字例概述

从"爪"的字，多与手有关。如爬、抓；采、孚、觅（覓）、受、为（爲）、奚、舀、妥、爵，等等。

趣字解形

采

甲骨文	金文	小篆	隶书	楷书

甲骨文作 ✿、✿，从爪从木会意，采果于木，表示采摘。

注意，"采"不能写作"釆（biàn）"。釆，《说文解字》认为，象鸟兽指爪分别之形，**番**、**释**（釋）等从之，都有分解开的意思。

甲骨文作 ✿，从两手从子会意，表示两手押一俘虏之形，是"俘"的本字，金文作 ✿，省去了一只手，还是押着俘虏。这里的"子"表示"人"。

甲骨文作 ✿，象母亲把幼儿揽在怀中哺乳之形，✿象母亲，✿象张口的幼子形，后来 ✿讹变为"孚"，跪着的人"✿"讹变为"乚"，就成了今天的"乳"字。

受，见本册又部"受"字说解。

为（爲）甲骨文作 ✿，从 ✿（又）从 ✿（象）会意，详见第二册象部"为"字说解。

奚，甲骨文作 ✿，从 ✿ 从幺从大会意，表示用手押着拿绳子捆起来的人，即俘虏。详见第五册大部"奚"字说解。

─── 趣字析义 ───

妥，甲骨文作![妥]，从爫从女会意，以手按女，使之安坐，因而有"安定"的意思。

舀，小篆作![舀]，从爫从臼会意，表示从臼中舀取。

─── 似非而是 ───

印

| 甲骨文 | 金文 | 小篆 | 隶书 | 楷书 |

甲骨文作![印]，从![爝]（爪）从![卩]（卩）会意，表示以手压抑使人跪服，是"抑"的本字，在使用玺印时也要按抑之，故用该字表示。

─── 似是而非 ───

爵

| 甲骨文 | 金文 | 小篆 | 隶书 | 楷书 |

甲骨文作![爵]，象爵之形。上面是爵的"柱"；左边的突出象爵的"流"，下有三足；金文表示以手持爵。小篆时，柱形小讹，爵身似"爫"加"丿"，并在下面加了表示容器有酒的"鬯（chàng）"字，仍有"又"来持之。隶书时，柱形讹变成了"爫"，"鬯"也作了简化，遂成今形。

---| 字形流变 |---

甲骨文	金文	小篆	隶书	楷书

战国睡虎地秦简作 ，从又从一，是个指事字，是指事符号"一"指在"又"也就是手的下方一寸位置，所以从"寸"的字，大多跟手有关。

---| 义项组词 |---

① 本义，指手下一寸的位置，中医切脉，此位置称为"寸口"。
② 长度单位，一尺的十分之一，引申为极短的：寸土寸金、一寸光阴一寸金。

---| 字例概述 |---

　　"寸"在衬、村、忖等字中，都用作声旁；在会意字中，含义同"又"，都表示手，如导（導）、得、对（對）、夺（奪）、封、付、傅、冠、将、耐、辱、射、守、寿（壽）、树（樹）、寺、讨（討）、尉、寻（尋）、肘、纣（紂）、酎、专（專）、尊，等等。

—— 趣字解形 ——

得

| 甲骨文 | 金文 | 小篆 | 隶书 | 楷书 |

甲骨文作得，从又（又）持贝（贝）会意，表示有所获得。或体不从"彳"，义同。金文作得，小篆作得，贝（"贝"小讹似"见"）。隶书作得，"贝"讹为"旦"形，与"旦"无关。

专（專）

| 甲骨文 | 金文 | 小篆 | 隶书 | 楷书 |

甲骨文作专，从叀从又会意，叀为纺砖形，代表三股线。以手拨动纺砖旋转，使三股线合为一股。叀是转（轉）之本字，后来"专（專）"指"专门"，又加"车"旁作义符作"转（轉）"，表示旋转。小篆作专，隶书作专，楷书作專。简体作专，是"專"字草书楷化的结果。

惠，从叀从心会意，是"智慧"之"慧"的本字，表示专心，专心乃生智慧，后来借用作"恩惠"义，另造形声字"慧"来代替本字。

尊

| 甲骨文 | 金文 | 小篆 | 隶书 | 楷书 |

甲骨文作尊，从廾（廾）从酉（酉）会意，表示以手捧酒器，本作尊，从廾（两手）与从寸（一手）同义。

─── 趣字析义 ───

导（導），小篆作 🔸，从寸道声，本义是引导，"寸"表示方寸、法度。

对（對），金文作 🔸，或说以手持灯，或说以手植树，尚无定论。

夺（奪），小篆作 🔸，从又从雀（xùn）会意，"雀"表示鸟展翅奋飞。手中的鸟飞走了，本义是失去。

封，金文作 🔸，表示以手在土上植树，种植的是作为界限的树木，引申为疆界。小篆作 🔸，树木形讹变成了"止"形。隶书作封，遂成今形。

冠，小篆作 🔸，从冖从元从寸会意，"冖"象冠形，"元"为"头"的会意字，"寸"即手，表示以手举冠加于头上。

将，见第一册夕部"将"字说解。

辱，小篆作 🔸，从辰从寸会意。"辰"是"蜃"的本字，古代以蜃壳作镰。后来该字假借为"侮辱"，本字写作"耨"。

寺，见第一册土部"寺"字说解，"时"繁体作"時"，也是以"寺"为声旁的。

射，见第三册弓部"射"字说解。

寿（壽），金文作 🔸，从老省 🔸声，🔸是田畴的象形，是"畴"的本字，年老为"寿"，是假借用法。小篆作 🔸，隶书作壽，楷书作壽，草书楷化作"寿"。

尌（shù），金文作 🔸，从又壴（zhù）声，见第三册豆部"尌"字说解。

寻（尋），小篆作􀀀，从彐口从寸工彡声，《说文解字》释为"绎理"，段玉裁注为"抽绎而治之"；又长度单位，为八尺。其意义来源，都与展开两臂有关。抽绎理丝，则左右手各执一端伸展开来；作长度，也是展开两臂的总长。原来，彐工，应即"左"字；寸口，当即"右"字。该字就是上"左"下"右"组成的会意字，隶书作尋，写成"寻"，也是古已有之的。

"左""右"两字的上下位置，恰好与古琴指法相合，譬如􀀀，上面􀀀为左手指法，意为左手大指按九徽。下面􀀀为右手指法，意为右手食指挑六弦。以此可知，上左下右为古代习惯之构字次序。

尉，小篆作􀀀，表示以手持熨斗，在火上加热，见第三册火部"尉"字说解。

字形流变

甲骨文作􀀀，金文作􀀀，小篆作􀀀。后用作部首，不单用。

字例概述

廾读作 gǒng，从􀀀（廾）与从"寸""又"义同，只是双手与单手的区别。双手为"廾"，是"拱"的本字，成语"拱手相让"，就是说两手把东西举起，恭恭敬敬地给别人。

──┤ 趣字解形 ├──

共

| 甲骨义 | 金文 | 小篆 | 隶书 | 楷书 |

甲骨文作𐤟𐤟，以二又会意。有 gōng、gǒng、gòng 三个读音，两手相拱，是"拱"的初文，读作 gǒng。两手相拱以示恭敬，通"恭"，读 gōng。金文作𐤟𐤟，象两手举杯之形，遂有共同、供给之意，读 gòng。

异（異）

| 甲骨义 | 金文 | 小篆 | 隶书 | 楷书 |

甲骨文作𐤟，或说为大头的人形异物，与"鬼（𐤟）"同理。"异"是从廾已声的形声字，本义是举，后来作了"異"的简体形式。

──┤ 趣字析义 ├──

弁（biàn），小篆作𐤟，双手举冠以加于头上，所以意为帽子。

粪，见第二册米部"粪"字说解。

具，见第三册鼎部"具"字说解。

戒，见第三册戈部"戒"字说解。

开

开（開），见第三册门部“开”字说解。

弄

弄，金文作，从（廾）持王（玉）会意，表示玩弄。

弃

弃（棄），甲骨文作，从（廾）从（即“其”，“箕”的象形本字）从（子）会意，表示双手持箕抛弃孩子，所以表示抛弃。小篆作，换成了，意义无别，像有长柄的网。楷书作，简体作。

巷

巷，小篆作，从共郒（xiàng）声，为两邑相邻，的意思是两邑之间人们共同经过的地方。后来“共”作形，郒省为“”，作；隶书作，楷书作。

似非而是

兵

甲骨文
金文
小篆
隶书
楷书

甲骨文作，从（拱）从（斤）会意，“斤”是武器，双手持斤，表示兵器和武力。

冥

甲骨文
金文
缺
小篆
隶书
楷书

甲骨文作，以两手拉幕，遮蔽日星之光，所以表示昏暗。小篆作，讹作，与小篆（六）同形，遂讹作“六”。

樊，金文作，从林从爻从廾会意，表示双手在木间编篱笆，本义是"樊篱"。

契，小篆作，《说文解字》认为是从大韧声，意思是"大约"，即大的约定。"大"疑是"廾"的讹变，字以从丯从刀大廾会意，表示手拿刀具锲刻出花纹。"彡"是花纹的象形。古代用木块刻上花纹后剖开，立约双方各持一半，纹路能对上，则表示有效，"契约""契合"用的都是这个意思。

---- 似是而非 ----

其

| 甲骨文 | 金文 | 小篆 | 隶书 | 楷书 |

金文作，是簸箕的象形字。或体作，或说增加的是声旁"丌（jī）"。小篆作，隶书作**其**，遂成今形。

弊，小篆作，从犬敝声，本义同"獘"，后来讹作"弊"。

奠，金文作，从酋（盛酒器）在丌上，所以表示设酒食以祭，引申为敬献。

―――| 字形流变 |―――

象两手相对之形，作为偏旁，不再单独使用。

―――| 字例概述 |―――

从"臼（ju）"的字，都与两手相对有关，如爨、盥、臺、学（學）、舁，等。

―――| 趣字解形 |―――

学

甲骨文作 、 等形，表示双手构木为屋；或说表示织网、编篱、摆算筹等，那下面的 （宀，房屋）就无法落实了，所以未取。金文作 ，加上了学习的主体"子"。或体作 ，加上了"攴"作义符，看来那时的孩子学习免不了被敲打体罚。小篆或省"攴"作 ，简体作"学"，是草书楷化的结果。

—— 趣字析义 ——

爨（cuàn），小篆作 ，与同两手持蒸屉，冂象灶口形，下面是两手扒开木柴，把火放进去。所以这个字是烧火做饭的意思。

盥（guàn），甲骨文作 ，表示在盆里洗手，详见第三册"皿"部"盥"字说解。

觉（覺），从见（見）（龸，音 xué）声，上面的部分只作声旁使用。

璺（wèn），本义是玉器破裂，也是"打破砂锅纹（问）到底"这句俗语中"纹"字的本字。

舁（yú），小篆作 ，"臼"应为"𦥑"也象两手之形。字象四手共举之形，所以"舁"有共举、携带之形。兴（興）、与（與）、誉（譽）、举（舉）从之。

① 兴（興），金文作，从舁从同会意，四手同力，表示"起"的意思。小篆作，隶书作，楷书作，一直变化不大。简体作兴，是草书楷化的结果。

② 与（與），金文作，从舁从与会意，与，据《说文解字》解释，是以"一"和"勺"会意给与。

③ 誉（譽），小篆作，从言與声，表示称赞。

④ 举（舉），小篆作，从手與声，表示以手托物。

---| 字形流变 |---

甲骨文作⟨⟩，象人张两手有所持之形。金文作⟨⟩，小篆作⟨⟩。后用作部首，不单独使用。

---| 字例概述 |---

从"廾（jǐ）"的字都表示与双手操持有关，但字形已经发生了比较大的变化，如执（執）、艺（埶、蓺、藝）；夙，等。

---| 趣字解形 |---

夙

夙，见第一册夕部"夙"字说解。

艺（埶、蓺、藝）

甲骨文	金文	小篆	隶书	楷书

甲骨文作⟨⟩，从廾从木会意，表示种植。金文作⟨⟩，或在草木下加土作⟨⟩，石鼓文（大篆）作

埶，小篆作埶，隶书作執，楷书或加艹作藝，繁化为藝，简体作艺，是以简单的声旁"乙"，替换了复杂的声旁。

势（勢），小篆作勢，从力埶声，上部简化字作"执"。

执（執）

| 甲骨文 | 金文 | 小篆 | 隶书 | 楷书 |

甲骨文作埶，象人两手加梏被拘执之形，简体省作执。

巩（鞏），金文作巩，小篆作鞏，从革从刊工声，表示双手用牛皮绳扎紧，所以表示"巩固"，"刊"简化为"凡"。

── 字形流变 ──

甲骨文作鬥，象两人徒手打斗之形。小篆作鬥，楷书作鬥。简体作"斗"，是并不成功的简化字。

—— | 义项组词 | ——

本义：战斗、打斗、斗争。

—— | 字例概述 | ——

从"鬥"的字，都与争斗有关，如闹（鬧）、阄（鬮）、阋（鬩）等。简化时都变成了"门"。

—— | 趣字析义 | ——

闹

闹（鬧），小篆作鬧，从鬥从市会意，表示吵闹。

阄

阄（鬮），小篆作鬮，从鬥龟声，胜负、疑虑难以判定时，就抓阄来决定。

阋

阋（鬩，xì），小篆作鬩，从鬥兒（ní）声，表示不和、争吵。《诗经·常棣》：兄弟阋于墙，外御其侮。

—— | 节外生枝 | ——

斗

甲骨文	金文	小篆	隶书	楷书

甲骨文作𣀎，象有柄的斗形。北斗星像斗的样子，所以叫作"北斗"，"斗"字并无繁简变化。现在把打鬥的"鬥"与北斗的"斗"混同成为一个字，这是因为"鬥"字有多体，其中之一写作"閗"，这就从会意字变为形声字了，草书作斗，省去上面一笔之后，两者就同形了。

人类是直立行走的动物，为了适应直立行走，脚掌的形状也
与手掌有了不同的分化，不像猿类一样，手掌脚掌形状相似。

甲骨文	金文	小篆	隶书	楷书

甲骨文作 ，是脚掌的象形字。左边是脚掌，右边是大脚趾。

—— 义项组词 ——

① 本义为脚，已不再常用，另造了"趾"代替。

② 停止：休止、制止、止血、阻止、止步。

③ 仅仅，由"停止"引申而来：不止如此。

—— 字例概述 ——

"止"作偏旁，除了在址、芷、祉、趾等字中作声旁，还表示"足"，但更多是作为"行动"的标志而出现的，如步、扯、耻、此、肯、歧、企、前（歬）、武、御、正，等等。

—— 趣字解形 ——

步

甲骨文	金文	小篆	隶书	楷书

甲骨文作 ，以一前一后两个脚掌会意，表示迈步行走。金文作 ，画了两个写实的脚掌出来。"步"下面是"止"的变体，不能写作"多少"的"少"字，有时书法家这样写，是为了求

得字的匀称，但是不准确的。涉、陟从之。

涉

| 甲骨文 | 金文 | 小篆 | 隶书 | 楷书 |

甲骨文作𣥺，从𣥯（步）从⌒（象河流形）会意，表示迈过河水。金文稍有繁化，作𣲜，从步从水，意义无别。小篆作𣲜，已经整齐化。

陟

| 甲骨文 | 金文 | 小篆 | 隶书 | 楷书 |

甲骨文作𨸏，从阜从二止会意，人足趾向前，沿着阶梯向上爬，所以表示升高。"陟"的反义词是"降"。

武

武，甲骨文作𢦏，从戈从止会意，表示武力征讨，见第三册戈部"武"字说解。

御

| 甲骨文 | 金文 | 小篆 | 隶书 | 楷书 |

甲骨文有多体，较有代表性者有𢓜、𢓜、𢓜，从8（午）从卩（卩）会意。8是一束交绞的丝，《甲骨文字典》认为，𢓜是8的简写形式。以交绞的丝，以表示主人与客人的交互逢迎；卩是跪坐迎接的主人。或加彳（彳）、行（行）、或辵（辵）都是表示行动的义符。

或说⊢是马鞭，该字表示人持鞭赶马；或说၆为系马之绳，该字表示人牵马于途。二说都认为"御"是驾御的意思，是"驭"的本字，也很有参考价值。

迎战也是一种"迎接"，后来加"示"作"禦"来表示这个意思，如禦敌。

正

甲骨文作♀，从口（wéi）从↓（止）会意，表示去往城邑，"囗"表示城邑，"止"表示行动，与从口（kǒu）从止的"足"不同，是"征讨"之"征"的本字，加"彳"是强调行动之意。远行讨伐也是"正（征）"，彼不义而我伐之，使之改错，是我"纠正"之，则我为"正义"。金文作♀，或填实作♀，遂成今形。

走

走，见第一册土部"走"字说解。

足

甲骨文作♀，上之"囗"字，王筠《文字蒙求》认为是胫骨之形，朱骏声《通训定声》认为是膝形，杨树达《积微居小学述林》认为是胫股之周围。（止）为脚，古代"足"指整个膝盖以下的部分，现在窄化为脚。

"足"作偏旁，在下时不变，如鼗、蹙等；在左侧时常写作"⻊"，俗称"足字旁"，如趴、距、歧、跄、跳、跃、趾、跛、跌、践、跑、蹒、跚、跺、跟、跪、跻、跤、跨、路、踌、躇、踞、踉、踊、踩、踟、蹰、踮、踏、踢、踪，等等，都与脚有关。

—— 似非而是 ——

夂 (zhǐ)，即 ?，是倒过来的脚掌形。

各

| 甲骨文 | 金文 | 小篆 | 隶书 | 楷书 |

甲骨文作 凵、呂、㕙 等形，从?（夂）从凵或凵会意，?是脚的象形，是"止"的变体；凵或凵象门口形，脚朝向门口，表示"来"。"各"的反义词是"出"。

降

| 甲骨文 | 金文 | 小篆 | 隶书 | 楷书 |

甲骨文作㣇，从阜从两个向下的止会意，表示人足趾向下，沿着阶梯向下走，所以表示"降低"。" 屮"是向下的脚掌的变形，音 kuǎ。夂，仍读作 zhǐ，用于"止"在字上部的变形。夂，读作 suī，用于"止"在字下部的变形，如处（處）。

处 处（處）金文作㝉，从 ㇕（夂）从 ㇈（几，音 jī，凭靠的器具）㐬（虍，音 hū）声。《说文解字》认为表示人碰到"几"就凭"几"休息，所以有"停止"的意思。小篆作㝉，隶书作処，楷书作處，简体作处。恰好在"夂"与"夂"两个字当中，"几"与"卜"也是形义相近的。

咎 咎，小篆作㕥，从人从各会意，人各不同，难以协调，所以表示过错、灾祸。

"止"的其他形变：

出

甲骨文	金文	小篆	隶书	楷书

甲骨文作𡳿、𡳿、𡳿，脚背对门口向外，会意为"出去"，是"各"的反义词。

先

甲骨文	金文	小篆	隶书	楷书

甲骨文作𠅂，从止在人上会意。古代结绳于足趾以记世系，止在人上，表示世系在前，所以表示祖先的"先"。

卫（衛）

甲骨文	金文	小篆	隶书	楷书

甲骨文作𡗜，从二止从囗（wéi，城邑）会意，表示在城周围走动巡逻，所以表示"保卫"。甲骨文或体作𡗜，象在𡗜（行，表示通衢）环绕保卫中间的人。金文作𡗜，与𡗜同义，或体作𡗜，象于通衢巡逻，环卫城邑，仍会意为保卫。简体"卫"应当是"衛"中间最上部的𦥑（kuǎ）稍加形变得到的。

之

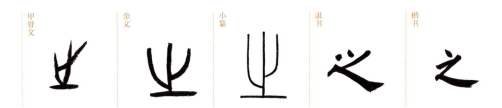

| 甲骨文 | 金文 | 小篆 | 隶书 | 楷书 |

甲骨文作 ，从 （止）从一，"一"表示地面，会意人在地上有所往，所以"之"字有去某地方的含义。金文、小篆与"止"形似。隶书作 ，大体存小篆 的四个笔画和构字格局，楷书作 之 。

舛（chuǎn），小篆作 ，以双足相背来会意，表示违背、颠倒。

桀，小篆作 ，以双足登于木上会意，所有高起、突出的意思，引申为杰（傑）出。

前（歬），本字为"歬"，甲骨文作 、 、 ，从止（ ）从舟（ ）会意，表示舟在向前行进。见第三册舟部"前"字说解。

寺，金文作 ，从止从又（寸）会意，见本册寸部"寺"字说解。

志，小篆作 ，从心止声，"止"作为声旁，也有表义的作用，"志"就是心意所到达的方向。

第四册检字表

5

字课
日日
日新

池玉玺 编著

姿态

知识产权出版社

图书在版编目（CIP）数据

字课日日新.5 / 池玉玺编著. — 北京：知识产权出版社，2018.1

ISBN 978–7–5130–5272–6

Ⅰ.①字… Ⅱ.①池… Ⅲ.①识字课—小学—教学参考资料 Ⅳ.①G624.223

中国版本图书馆CIP数据核字（2017）第278404号

内容提要

本书以字形为切入点，选取了1000余个有代表性的常用汉字，介绍其字形演变、字义来源，并以基础汉字为纲，略述其他相关汉字。按内容分为天文、气象、地理、植物、动物、器用、器官、手足、姿态九大类。旨在使初学汉字者明了汉字字形的道理，了解汉字的基本常识，并获得汉字学习、书写的趣味。

责任编辑：龙　文		责任校对：王　岩	
装帧设计：品　序		责任出版：刘译文	

字课日日新.5

Zike Ririxin. Wu

池玉玺　编著

出版发行：知识产权出版社有限责任公司　　网　　址：http://www.ipph.cn
社　　址：北京市海淀区气象路50号院　　邮　　编：100081
责编电话：010–82000860 转 8123　　责编邮箱：longwen@cnipr.com
发行电话：010–82000860 转 8101/8102　　发行传真：010–82000893/82005070/82000270
印　　刷：北京科信印刷有限公司　　经　　销：各大网上书店、新华书店及相关销售网点
开　　本：720mm×1000mm 1/16　　总 印 张：23.75
版　　次：2018年1月第1版　　印　　次：2018年1月第1次印刷
总 字 数：350千字　　总 定 价：120.00元（全五册）

ISBN 978-7-5130-5272-6

第五册目录

第九章　姿态

第九章

姿态

身体的『姿态』，也是造字『近取诸身』的重要内容。

字形流变

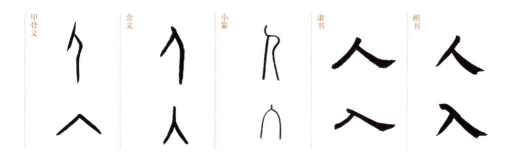

甲骨文　　金文　　小篆　　隶书　　楷书

人，甲骨文作 ᠕，是人的侧面形。

入，甲骨文作 ᐱ，表示尖角锐利易于进入，"内"字从之。隶书始与"人"相似，于是"人"字撇在上，"入"字捺在上，以相区别。

义项组词

① 本义：人类、人民、人种。

② 某一类人：好人、坏人、黄种人、白种人、外国人、男人、女人。

③ 人的：人为、人事。

④ 别人的：人言可畏、人云亦云。

⑤ 人的品质：文如其人、为人善良。

字例概述

从"人"的字，自然与"人"相关，例多不举；用作偏旁，通常写作"亻"，一般作为与"人事"相关的形声字的义符；"人"字还有一些变体，如"儿"和一部分"勹"等。

从"人"

介

甲骨文	金文	小篆	隶书	楷书

甲骨文作 ψ，象人身前身后各有防护之形。因为人在两片护甲中间，所以又有中间人的意思，"介绍"一词本于此义。

以

甲骨文	金文	小篆	隶书	楷书

甲骨文作 ζ，是耕作工具"耜"的象形本字，甲骨文的另一体作 ⁿ，加了"人"，表示人在用耜。由人使用工具，而引申有"凭借"的意思。后来演化成"以"，左边是"耜"形变化的结果。

企，甲骨文作 ψ，从人从止会意，表示人踮起脚来，有所顾盼之形。"止"也作声旁。小篆作 企，隶书作企，楷书作企。

囚，小篆作 囚，从人从口（围）会意。

仄，小篆作 仄，从厂从人会意，"厂"是危崖，人行其下，倾侧以保安全。

个，小篆作，取半个"竹"字，上面并非从"人"。

 合，见第二册皿部"盒"字说解。

 今，甲骨文作，或说为倒"曰"，或说为铃铎形，总之上面并非是"人"。

 令，甲骨文作，见本册卩部"令"字说解。

从"亻"

保

甲骨文作，从人从子会意，表示保护。金文作，表示背负幼儿，一只手伸在后面扶着。一体作，手臂简化成一笔。一体作，一笔成了两笔，应是为了追求字的均衡、美观。

何

甲骨文作，象人担荷之形，是"担荷（hè）"的"荷"的本字，金文作、等形，其中"口"字，或是由金文第一体人张口形而来；或是加"口"的"无义增繁"。后来"何"被借用为疑问代词"何必""何处"之"何"，于是"担荷"的本义，又假借"荷花"的"荷"来担任。

伯，甲骨文作 θ 或 θ，郭沫若认为象拇指之形。拇指是手指中最为粗大的，次序上也是第一个，所以表示"老大"；金文作 δ，小篆作 𣲲，遂成今形。

"伯"字由手指的"老大"，引申为兄弟排行"伯、仲、叔、季"的老大，更引申为诸侯当中实力最强、最有影响力的，后来这个意思假借"霸"字来表示。

件，小篆作 𣲲，从人从牛会意，牛是庞大的动物，作食物必须分解开，以从人从牛表示"分"，引申为单个东西的量词。

仁，小篆作 𣲲，从二人会意，孔子说：仁者，爱人。心里有他人，便是"仁爱"。或体作忎，从心千声，古代"千"与"人"同音。

千，甲骨文作 𠂤，正是在"人"上加了一笔，以"人"为声旁，来表示 10 个 100 的数字，所以"忎"可以以"千"为声旁。

体（體），"身体"的"体"，小篆作 𣲲，从骨豊声；后来从人从本会意。

休，见第二册木部"休"字说解。

从"儿"

免

甲骨文	金文	小篆	隶书	楷书
		缺		

甲骨文作𠔉，象人戴饰以羊角的帽子之形。本义是指帽子，后假借为"免除"义，本字加"冃（mào）"作"冕"。

竞（競）

甲骨文	金文	小篆	隶书	楷书
羿	羿	競	競	競

甲骨文作羿，表示二人竞逐，是个会意字。简体字只取其半，作"竞"。

―――― 趣字析义 ――――

充　　充，小篆作充，从倒子从人会意，表示长高长大，引申为充满。

竞　　竟，小篆作竟，照《说文解字》的解释，是从音从人会意，表示音乐终结。

光　　光，见第三册火部"火"字说解。

鬼　　鬼，见第一册田部"鬼"字说解。

见　　见（見），见第四册目部"见"字说解。

羌　　羌，见第二册羊部"羌"字说解。

无　　无，见本册无部"无"字说解。

先　　先，见第四册止部"先"字说解。

元　　元，甲骨文作元，从"二（上）"从"儿（人）"会意，表示人的上部，即头。所以"元"字有开始、首要的意思。

允　　允，小篆作允，从以从人会意，表示用。

─── 似非而是 ───

负

负（負），小篆作 𧴁，从人从贝会意，表示背负。见第二册贝部"负"字说解。

危

危，小篆作 𠨳，从人从厂（音 hàn，山崖形）从卩会意，表示危险。《说文解字》认为，人在崖上，在高而惧，需自"节止"，所以会意为"危险"的"危"。而林义光《文源》认为，人在崖上崖下都是危险的境地。

丏

| 甲骨文 | 金文 | 小篆 | 隶书 | 楷书 |

甲骨文作 𠂤，从亡从人会意，逃亡的人沦为乞丏。后来"人"形讹变为"勹"，"亡"在其中，楷书的符号化就更严重了。

身

| 甲骨文 | 金文 | 小篆 | 隶书 | 楷书 |

甲骨文作 𠂤，象人腹部胀大、中有胎儿之形。后来"人"的头部笔画弯折，与手臂部分、腹部上下、腹中一点，连接起来似"自"形。因为人怀孕之后躯体部分突出，所以"身"又指"身体"，引申为"自己"。反身为"𦣞"，读为"yīn"，**殷**字从之。

亡

| 甲骨文 | 金文 | 小篆 | 隶书 | 楷书 |

甲骨文作𠤎，以人乚会意，表示逃跑。其中"人"变成"亠"，与"疒"的"亠"同理。

年，甲骨文作𥝌，从禾从人，会意为收获，见第二册禾部"年"字说解。

勹（bāo），小篆作𠣧，是"人"的变体，"包""匈"等字从之，但是勾、句、句等字别有来源，并非是"人"。

① 包，小篆作𢆷，从勹从巳会意，勹亦声，是"胞"的本字，表示人怀孕。

② 匈，小篆作𠣜，从勹凶声，表示人的胸膛，是"胸"的本字。

疒（nè），甲骨文作𤕫或𤕫，从亻（人）从𠂤（床榻之形）会意，表示人有病时躺在床上，有时在亻周围点有数点，表示人病了发汗，所以有"病"的含义。小篆作𤕫。

"疒"作偏旁，因为常见字"病"用之，所以俗称"病字皮"。从"疒"的字都与疾病有关，如病、疾、疼、痛、痒、疡、疗、痊、痘、疤、痕、疯、痢、瘦，等等，都是形声字。

---| 字形流变 |---

| 甲骨文 | 金文 | 小篆 | 隶书 | 楷书 |

甲骨文作 ，象人正面形，是个站立的大人。楷书作"大"。

---| 义项组词 |---

① 与小相对：大小、广大、巨大。

② 第一个：大儿子、大伯。

③ 夸张的：大话、大言不惭。

④ 非同一般：伟大、大师、大方之家、大事、大举进攻。

⑤ 尊称对方：尊姓大名。

---| 字例概述 |---

　　"大"作偏旁，或表示"大小"的"大"，如尖、奢、套等；或表示"人"，如夫、夹（夾）、尖、
美、天、奚、夷、因等。
　　奔、契、莫、樊、奠等字并不从"大"。

---- 趣字解形 ----

天

甲骨文作 𣎆、𣎆 等，都是夸张、突出人的头部。甲骨文中有作"头"讲的用例，现在人的头盖骨，俗称"天灵盖"。甲骨文中"天"经常作"大"字使用。又因为头是人的颠顶，在人之上，所以人将头上的一片空无之境，也称为"天"，这是"天"字的引申用法。

另，甲骨文中，"夫"与"天"同体，作 𣎆，都是正立人形，故"夫"字也有"人"的意思，如丈夫、车夫、渔夫、樵夫、纤夫、农夫，等等。

奚

甲骨文作 𣎆，从爪从幺从大会意，表示用手押着用绳子捆起来的人，可能是俘虏。"奚"字在古代有奴仆的意思，说明古代以俘虏为奴仆。"奚"作疑问代词，是假借用法。

---- 趣字析义 ----

夹 | 夹（夾），甲骨文与金文同，皆作 𣎆，从大从二人会意，表示两个小人夹辅着大人。

尖 | 尖，以上小下大会意，表示"尖"。

套 | 套，从大从长会意，要"套"在外面，必须更"大"更"长"。

奕，小篆作 **𡘍**，从大亦声，表示大。

因，金文作 **𠔼**，从大从口会意，"口"象方的席子之形，人躺在席上，表示依靠、凭借。成语"陈陈相因"用的就是本义。

─────┤ 似 非 而 是 ├─────

立

甲骨文作 **𡗜**，从 **大** 从一会意，表示人站立于地面，楷书作"立"。

亦

甲骨文作 **𡗜**，"大"象人形，两点是指事符号，指在人的腋下，所以"亦"的本义是人的两腋。后来"亦"被借用作副词，另造从月（肉）夜声的"腋"字来代替。

—— 字形流变 ——

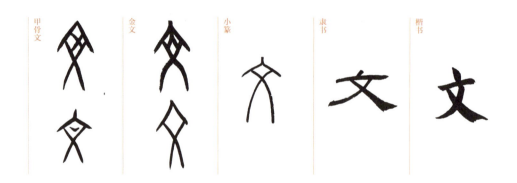

甲骨文有多体，作 或 ，象正立的人胸部有纹饰之形，所以本义是"纹身"，引申为花纹。或体作 ，省去了纹饰之形，遂成今形。

—— 义项组词 ——

① 本义，花纹，装饰：文过饰非。

② 文字，笼统言之，"文"与"字"无别；分别言之，"文"是指象形字，"字"是以象形字为基础所衍生的指事、会意、形声等字。

③ 文章：文学、文采、作文、文体、文言、文艺、文风。

④ 文化：文明、文物、人文、文雅、文质彬彬。

⑤ 美德，文治，与武相对的：偃武修文。

⑥ 文字资料：文献、文本、文案。

"文"一般用作形声字的声旁,如旻、闵(閔)、纹、汶、雯、紊,等等。

─────┤ 节外生枝 ├─────

"文"与"字"

文，本指花纹，云霞是天之"花纹"，山河是地之"花纹"，花叶是植物的"花纹"，毛色是动物的"花纹"，抒情达意的字句篇章，是人类文化的"花纹"，这些"花纹"都是富有形式美感的，这就是"文章""文学"的本义来源。后来"文"专指人的"花纹"——富于条理、美感，经过精心组织编排的人为创造，不但包括文字、文学，甚至一切艺术、哲学、社会形态等，都可以称作"文"也就是"人文""文化""文明"的"文"。其他的花纹，另造"纹"字来担任最初的意义。

我们现在把"文字"当成一个词，"文"和"字"区别不明显了，但最初二者意思迥异。"文"字说解，详见上文。文字学意义上的"文"与本义关系密切。传说造字之初，黄帝的史官仓颉"见鸟兽蹏迒之迹，知分理之可相别异也，初造书契"，仓颉看到鸟兽的爪印蹄印不同，从"花纹"上可以分别之，以此为原理创制了文字。在文字学上，"依类象形，故谓之文；其后形声相益，即谓之字。文者，物象之本；字者，言孳乳而寖多也。"意思是那些象形的，也就是描摹了物象富有特点的形状和"花纹"以相区别的，便是"文"。

以"文"为基础，加上指事符号，便是指事字；两个或以上的"文"组合形成新的意思，便是会意字；有的作声旁，有的作形旁，又组合出大量的形声字。所以说，象形的"文"，是"字"的基础，像是"字"的母亲，生养了更多的"字"。

字，金文作𡥝，表示在屋宇之下生小孩，就是"繁殖"。"字"就是"文"以指事、会意、形声等造字方法而"繁殖"变多的结果。

另外，古人生而取"名"，成年之后取"字"，"字"是由"名"而来的，也像是一种繁殖关系，所以"名"和"字"有内在的关联。比如孔丘，字仲尼。丘是小山，尼是山的名。后世"名""字"不分，遂混为一谈，称为"名字"。

甲骨文	金文	小篆	隶书	楷书

甲骨文作 ，象交足而立的人形。

—— 义项组词 ——

① 本义：交叉、犬牙交错。

② 变化之际：交节气。

③ 事、物的相互授受：交接、交换、交通、交替、交割、交响乐。

④ 情感上的往来：交往、结交、交友、私交、忘年交。

⑤ 托付：上交、交代。

—— 字例概述 ——

　　"交"字一般作为形声字的声旁，如郊、茭、胶、蛟、跤、佼、狡、绞（絞）、皎、较、效、校、咬，等等。

─── 字形流变 ───

| 甲骨文 | 金文 | 小篆 | 隶书 | 楷书 |

甲骨文作 𠀚，象两人并立、下面有连接之形，楷化后，两个人的头成为丷，手臂合成一横，下面的连接写作一横，即"并"字。"并"字还有别体，写作"並""竝"，都由甲骨文变来，后者更能体现"两人并立"的会意来源。

─── 义项组词 ───

① 本义：并行不悖、并列。

② 一部分与另一部分合在一起，这个意义一般写作"併"：合并、吞并、兼并，

③ 全都。

─── 字例概述 ───

"并"一般用作形声字的声旁，如迸、饼、屏、拼，等等。

甲骨文	金文	小篆	隶书	楷书

从，比，甲骨文皆作狄、狄，并无严格区分，都是两人相随之形。后来有所区别："从"字表示前后相随，"比"字表示并肩而行。"从"字后来在金文中又加"彳"，或加"止"，或同时加上"彳"和"止"，强调在行走当中前后相随，简体采用了更早更简的字形，作从。

———— 义项组词 ————

从

① 本义，随行，跟随：随从。

② 引申为顺服：服从、听从、从善如流。

③ 引申为次要的：从犯。

④ 次于至亲的亲属：从父（叔叔）、从子（侄子）。

⑤ 采取一种办法或原则：坦白从宽、抗拒从严、从重处理。

比

① 本义，并列、并排：比肩、排比、鳞次栉比。

② 连接，靠近：比邻、比比皆是。

③ 两两相较：比照、对比、比较、比喻、比拟、比赛、评比。

④ 等到：比及。

⑤ 两个数字之间的倍数关系、分数关系：比分、比例、比值、比率。

字例概述

"从"和"比"多用作形声字的声旁。

以"从"为声的如丛（叢）、怂、笼（聋）、纵（縱）；

以"比"为声的如批、枇、砒、妣、秕、毕（畢）、庇、毙、纰、琵，等等。

在皆、昆等字中，"比"有表义作用。

鹿、麤等字不从"比"，而都是指动物的脚。

―― 趣字析义 ――

皆

甲骨文	金文	小篆	隶书	楷书

甲骨文作，从张口的二人或二兽从口会意，表示一同出声，引申为"共同"；金义从"从"或"比"从"日"会意；小篆从比从白会意，"白"是"日"的讹变。

昆，金文作 ，从日从比会意，日下两人比肩，表示"共同"。我们也可以加以曲解，丽"日"相"比"，也就是"天天都是好日子"，这样的城市叫作"昆明"。表示兄弟的"昆仲"，用的就是这个意思。而"昆虫"的"昆"，是"蚰"的假借用法。

―― 似是而非 ――

鹿麤　鹿，甲骨文作 。麤，甲骨文作 ，"比"是蹄脚的象形。

字形流变

甲骨文	金文	小篆	隶书	楷书

甲骨文作 ，以二人背立会意，表示"背对"，后来专指方向。

义项组词

① 本义："相背"，已经不再使用。

② 打仗时要迎敌而上，逃跑时却要背对敌人，所以打了败仗叫"败北"。

③ 北方民居都面向太阳，与面朝的方向相背者，称为北方：南北。

字例概述

"北"在"邶"字中作声旁，在"背"字中兼声兼义，在"乖""冀"等字中表义。

趣字析义

背，小篆作 ，从月（肉）北声，"北"也表义。我国处于北半球，太阳在南面，人们营建房室时，向着太阳的方向开门开窗，把背对的方向称为"北"。人是面朝前方的，此之相反的方向，则称为"背"部。

乖，小篆作 ，从北丫（guāi）声，表示背离。乖，与"桀"同源，不从"乖"。见第二册禾部"桀"字说解。

冀，金文作 ，从北异声，表示北方之地。

—— 字形流变 ——

| 甲骨文 | 金文 | 小篆 | 隶书 | 楷书 |

甲骨文作 ⫴ ，以一正一倒两个人形会意。"倒转"是变化之最显著者。

—— 义项组词 ——

① 性质或形态改变：变化、分化、僵化、教化、熔化、融化、潜移默化、化干戈为玉帛。

② 用在名词或形容词后，表示转变成某种性质或状态：美化、丑化、绿化、硬化。

③ 风俗习气：风化。

—— 字例概述 ——

　　"化"作偏旁，一般用作形声字的声旁，如花、华、货，等等，其实讹、吪、靴等字也以"化"为声旁，不过古今音变太剧，我们已经很难读出联系了。

—— 字形流变 ——

甲骨文作，以日下有多人会意，表示人多。金文作，"日"字发生一点小小的讹变成为"目"，小篆同之，隶变时又讹为"衆"。简体字作"众"，简洁明了。

—— 义项组词 ——

① 本义，多人：寡不敌众、众志成城、众叛亲离。

② 很多：众说纷纭、众口铄金、众目睽睽、众矢之的。

—— 趣字析义 ——

聚，小篆作，从乑（众）取声，所以有集合的意思。

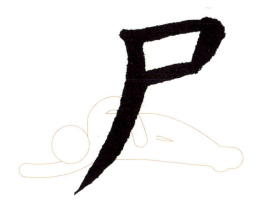

—— 字形流变 ——

甲骨文	金文	小篆	隶书	楷书

甲骨文作𣎆，象下肢弯曲蹲踞的人形，原指祭祀时代替死者受祭的人，后专指人的遗体。

—— 义项组词 ——

① 祭祀时代表死者受祭的人：谁其尸之。

② 引申为占着职位不做事，大约是从代死者受祭的人只能静处，不能行动而来：尸位素餐。

③ 人的遗体，也泛指动物遗体：尸体、借尸还魂。

—— 字例概述 ——

　"尸"用作偏旁与"人"同义，如层(層)、尺、屏、展、届、居、尻、履、尼、尿、屁、屏、屈、屎、属、屠、屐、屑、展，等等。

—— | 趣字析义 | ——

层（層），见第二册日部"曾"字说解。

尺，小篆作￼，《说文解字》以为，从尸乙声，与寸、咫、寻、常、仞等计量单位一样，都是以人的身体为度来标示长度。

届（屆），小篆作￼，从尸凷声，本义是人行动不便，用作"到"应是假借。凷，现音 kuài，从土从凵会意，表示土块。

居，金文作￼，从尸古声，是"蹲踞"的"踞"的本字。表示居住，是假借为"凥"字的用法。"几"是古人坐卧凭靠的简单家具，"茶几"还保留着古义。"凥"从尸从几会意，表示居处。

局，秦国的篆文作￼，从尸句声，表示人身体弯曲，所以才"局促"。"句"的本义是弯曲，所以在此是声旁兼义。

尻，隶书作￼，从尸九声，表示人的大腿，后来泛指臀部。

尼，甲骨文作￼，表示一人坐于另一人的背上，表示女性佛教徒"比丘尼"的简称，是后来的假借用法。

尿屎 | **尿**，甲骨文作￼，**屎**，甲骨文作￼。

屏，小篆作￼，从尸并声，表示遮蔽，屏风、荧屏等，用的都是这个意思。

屈，小篆作￼，从尾出声，本义是表示没有尾巴，表示"屈伸"的"屈"，是"诎"的假借用字。

屠，小篆作￼，从尸者声，表示剖开、以刀挖空。

尾，甲骨文作 ，从彳（尸）从 会意，表示人将用于装饰的动物尾巴戴于身后。小篆作 尾；楷书作 尾。

属（屬），小篆作 屬，从尾蜀声，像尾巴一样连接在身上，所以表示"连接"。

展，小篆作 展，《说文解字》认为是从尸襄省声，本义是"展布四肢"，后来作为"㠭"的假借字。"㠭"是"展览"的"展"的本字，是以四个"工"字，来表示众物陈列。

—————— 似是而非 ——————

 履，金文作 履，从頁从夂从舟，眉声，本义是践踩、鞋子。"舟"象鞋子之形； 象眉毛之形，后来讹变成"尸"；"頁"表示人；"夂"表示行动。
屣、屐、屨，都是表示鞋子的形声字，都随着"履"而从"尸"了。

 屋，并非像《说文解字》所说"从尸从至"，演变过程比较复杂，不再详述。

———— 字形流变 ————

甲骨文	金文	小篆	隶书	楷书

甲骨文作 ，象人席地而坐的坐姿。

———— 字例概述 ————

"卩(jié)"或用作声旁，如节(節)；或有表义作用，既是古人安居的常用姿势，又是跪拜之形，如即、命、卿、印等；还有一些字形变较大，如色、危、辟、令、既、邑等。

———— 趣字解形 ————

即、既

甲骨文	金文	小篆	隶书	楷书

即，甲骨文作𩚀，从皀从卩会意。皀，楷书作"皀"，简化为"艮"，音 bī，或 jí，象食器之形；卪象人跪坐就食形。所以"即"表示"靠近""向前"的意思，又引申为"立刻"。

既，甲骨文作𣤁，从皀从无会意，表示吃完之后，转头离开，所以表示"完成"的意思。上面张着的大嘴已经转了方向朝向身后了。

令、命

甲骨文	金文	小篆	隶书	楷书
		令	令	令
		命	命	命

令，甲骨文作，，或说即"今"，象木铎形，古人振铎来召集众人，大家跪坐来听令；或说是倒置的"口"。

命，甲骨文与"令"相同，金文加了表示"宣讲"的"口"字。"命"与"令"读音在古代也是相近的。

鄉、卿

甲骨文	金文	小篆	隶书	楷书
			鄉	鄉
			卿	卿

"鄉"和"卿"，甲骨文同为，象二人相向而坐，对着一个食器共食之形，由"相向"而坐，而成为"向"的本字，繁体作"嚮"；由"共食"而引申，或说表示"饗"的本字；或说由陪同君主"共食"而表示"卿"，即高级的长官、爵位。

服，甲骨文作 ，楷书作 ，从又从卩会意，表示以手押人，使之服从。金文作 ，增加了"舟"，后来"舟"讹变为"月"。

节（節），金文作 ，从竹即声，本义是竹节，见第三册竹部"节"字说解。

印，甲骨文作 ，从爫（爪）从（卩）会意。

—————| 似非而是 |—————

邑

甲骨文	金文	小篆	隶书	楷书

甲骨文作 ，从囗从卩会意。"囗"（wéi）是一座方形的城市，"卩"表示人在城市安居，后来形状稍微发生了一点变化，成为"巴"形，"邑"就是人安居的城市。

从"邑"的字，都与城市有关。比如都— 、郊— 、郑（鄭）— 、邯— 、郸（鄲）— ，等。"邑"作偏旁，隶书省作"阝"，都放在右边。因为"阝"与"刀"字形相似，又像耳朵的形状，所以俗称"右耳刀"。

鄙，甲骨文作 ，从囗从㐭会意。本义是装粮食的仓库，是"廪"的本字。"㐭"表示仓库，"口"表示仓库的空间。金文作 ，小篆作 。仓库一般建在居住地的边沿，所以又引申为"边远之地"，小篆加"邑"作 。而"边远之地"的人，多没有太见过世面所以"识见浅陋"，而不免道德上"自私自利""为达目的不择手段"，于是就"卑鄙"了。

图，金文作 ，从囗从啚会意，把所有边鄙之地都围纳其中，所以是"版图"的意思。

―――| 节外生枝 |―――

其他"跪坐"的人

女、母、每

女，甲骨文作 ，象居家有所操持的女子形，与"男"的甲骨文 ，以在田中力耕会意，相对而成文，表示男女分工的不同，男人下地，女子持家。金文作 ，小篆作 ，身体的笔画趋于简化，隶书变为一横。

① **婪**，甲骨文作 ，小篆作 ，从女林声，表示贪。

② **佞**，小篆作 ，从女从信省会意，"信"表示言语真诚、确凿，女子的知心话，表示"甜言蜜语"。

③ **妾**，甲骨文作 ，金文作 ，从辛从女会意，"辛"是行刑用具，表示有罪。有罪的女子，被收为奴婢，称为"妾"。小篆作 ，楷书作 妾 。

④ **始**，小篆作 ，从女台声，上古曾有过"母系氏族社会"，"知母不知父"，家族共认女性的祖先，所以用"始"表示"始祖""开始"。

⑤ **姓**，甲骨文作 ，从女生声。上古"母系氏族社会"的遗存之一，就是"姓氏"的"姓"从女，古老的姓氏多从女，如姚、姜、姬、妫、嬴，等等。

母，甲骨文作，突出了母亲哺乳的特征。

每，甲骨文作，象戴发簪的女子之形。

在甲骨文中，从人、女、母、每，通常并无差别。

左"阝"

左"阝"，是"阜"的简化。虽然左"阝"与右"阝"形似，但来源完全不同。

阜

| 甲骨文 | 金文 | 小篆 | 隶书 | 楷书 |

甲骨文作、、等形，象供人上下的阶梯形。阶梯一定通往高处，故"阜"引申而有高、大、盛的含义。

用作形旁，简化为左"阝"，俗称"左耳刀"，带左"阝"的字，多与阶梯或高有关，如陡、阿、防、际（際）、阶（階）、陆（陸）、陗、险（險）、阳（陽）、阴（陰）、陨（隕）、阻、障、坠（墜），等等，都是从"阜"的形声字，不再赘举。降、陟，等，是会意字。

陆（陸）

| 甲骨文 | 金文 | 小篆 | 隶书 | 楷书 |

甲骨文作，含义不明，渐变为今形，表示高而平的地方。

阴 | **阴**（陰），小篆作，从阜侌（yīn）声，本义是山的北面、水的南面，这些背阴的地方，引申指阴暗、阴雨。

字形流变

| 甲骨文 | 金文 | 小篆 | 隶书 | 楷书 |

甲骨文作 ，象一个张着大嘴的人形。而且"欠"字的读音，就是"打哈欠"的声音。

义项组词

① 本义：哈欠、欠伸。

② 身体微动示意：欠身。

③ 短少，缺乏：欠债、拖欠、亏欠、万事具备，只欠东风。

字例概述

张着大嘴，无外乎表示气息和饮食的出入，以"欠"为义符的字，多与此有关，如欣、歆、歠、欲、款、欺、钦、歉、啸、歌、欢（歡）、欧（歐）、叹（歎）等，都是形声字。吹、饮（歃）则是会意字。"欠"与"口""言"意义相近，所以从"欠"的很多字可以从"口"或言，如"欱"可作"唅"、"歌"可作"謌"、"欧（歐）"可作"讴（謳）"、"歎"可作"嘆"、"欬"可作"咳"等。段玉裁在《说文解字注》中认为，哈欠是气不足的结果，所以"欠"又有少的意思。张着大嘴，口水不免流下来，如"羡（羨）"和"盗（盜）"等。

—— 趣字析义 ——

次，金文作 🖐，从二从欠会意。从"二"，表示不是第一；从"欠"，表示未尽精微。现在我们说物品"质量很次"，还是用的本义；"次数"、"次（到达）北固山下"等"次"的用法是假借。

吹，甲骨文作 🖐，从口从欠会意。

盗（盜），小篆作 🖐，从次从皿会意，表示看到皿里的东西，羡慕地张着嘴流口水，于是想据为己有；如果付诸行动，那就是"盗"了。"氵"变成"冫"仅仅是笔画减省的结果。

次（xián），甲骨文作 🖐，从欠从水会意，《说文解字》认为是"慕欲口液"，就是特别喜欢，甚至于流口水了，是"涎"的本字。

羡（羨），小篆作 🖐，从次从羊会意，次亦作声符。羡慕不已，就像看到鲜美的羊肉一样流口水，非常生动地刻画出"羡慕"的情态。

饮（飲），小篆作 🖐，从酉从欠今声，"酉"是酒瓶，"欠"是张口。后来"今"和"酉"的组合讹变成了"食"。

甲骨文	金文	小篆	隶书	楷书

───┤ 字形流变 ├───

甲骨文作 ⿰，象人摆动双臂之形。因为汉字渐渐趋于横平竖直，原来很直观的摆动的双臂，也被写成横画，动作不再明显，只把头部用"丿"表示歪斜状，遂发展为今形。

在笑、妖等字中"夭"作声旁。在走、奔等字中，"夭"已经发生了较大的形变。

───┤ 趣字析义 ├───

奔

甲骨文	金文	小篆	隶书	楷书
缺				

金文作 ⿰，从夭从三止会意。三个"止"，表示跑动迅速，脚的移动很快，就像我们要画出人跑得快，要多画几只脚一样。隶书作奔 ，上面的"大"，是"夭"发生稍微变形的结果。下

面的，则是三个简写作"十"的"止"排列的结果。奔跑当然与"止"，也就是脚掌有关系，与花卉是没有关系的。花卉与草有关系，"卉（芔）"字是三个写成"十"的"屮"排列的结果。

走

走，金文作 。 象跑动时手臂摆动的样子， 是人脚掌的象形，见第四册止部"走"字说解。

—— 字形流变 ——

甲骨文	金文	小篆	隶书	楷书
			舞	舞
			無	無
缺	缺		无	无

舞，甲骨文作 或 ，象人两手提兽尾等道具起舞之形，后一体人下夸张其脚，突出其动作。金文作 ，在保留甲骨字形的同时，加了表示"行动"的"彳"和"止"，亦即"辵"。小篆作 ，下面是两只脚的形变。

無，是"舞"字稍加变化的结果，假借以表示"没有"的意思。甲骨文字形与"舞"，无别，金文以 𣞤 来表示没有之"無"，而以加了"辵"作 𣞤，来表示"舞蹈"的"舞"。隶书 舞 下部的两只脚"舛"简写作"灬"，跟"火"没有关系，应当是为了与"舞"相区别，有意为之的结果。

按，与之相类的还有"傑"到"杰"的简化。"傑"通"桀"，而"桀"到"杰"的变化有二，一是"舛"变成了"灬"，二是"木"移到了字上。如果说从"舞"到"無"提示我们"舛"可以变成"灬"，那么从"桀"到"杰"的第一个变化可以实现；而"灬"置于"木"下，则很可能是为了字形的稳固美观了。

无，睡虎地简（战国）作 𣎴，小篆作 𣎴。"舞"所表现的舞蹈，是一个舞者提着两根兽尾的"旄舞"，如果不用兽尾作道具，而是用长袖呢？这就是"无"。

从汉代画像石的舞蹈图当中，我们还可以看到这种舞蹈的神采 𣎴。"无"本作"无"，图像和文字非常一致，后来为了与"既"字中张口转身的"旡（jì）"相区别，始写作"无"。先秦时期，"无"字就已经广泛使用，后代也经常用到，并不是汉字简化的结果。（詹鄞鑫《华夏考》）

────┤ 义 项 组 词 ├────

舞，本义：舞蹈、舞动、跳舞。

无（無），没有：无事生非、无聊。

────┤ 字 例 概 述 ├────

> 从"無"得声的字，简化时大多换为"无"。改换简易的声旁或形旁，这是简体一个通常做法。
>
> 如：撫—抚、廡—庑、蕪—芜、嫵—妩等。

—— 字形流变 ——

| 甲骨文 | 金文 | 小篆 | 隶书 | 楷书 |

甲骨文作 𠙹。婴儿头部比例大，故突出其头。婴儿在襁褓中，下身包裹，故写成一笔，不表现腿部。婴儿身子包在襁褓中，双手露在外面，作上举之形。所以 𠙹 就是一个完整而生动的，包在襁褓中的婴儿的形象。

—— 义项组词 ——

① 本义，婴儿：孩子、生子、子宫。

② 引申为幼小、细小之物的通称：不如虎穴，不得虎子；石子、棋子、沙子。

③ 儿女，今人专指儿子：子女、父债子还、父子相承、子孙。

④ 卵，种：鸡子、鱼子、种子。

⑤ 对人的尊称，先生：孔子、孟子，老子，庄子。

⑥ 名词词尾：舟子、瞎子、才子、筷子。

⑦ 时辰，十一点到凌晨一点，用的是假借义：子时、子夜。

"子"或用作声旁,如季、李、仔、籽字,等等。在这些字里"子"也有表义作用;"子"作偏旁,最常见的还是表示幼儿,如孤、孩、好、孚(擘)、孟、孽、乳、孙(孫)、孝、学(學)、孕、孳,等等;也有用如"人"或"大",来表示"人"的,如孚等。

趣字析义

孩,从子亥声,读音是模拟幼儿的声音,后来代指幼儿。

好,甲骨文作𰀀,从女从子会意。本义是女子美丽。

孔,金文作𰀀,在"子"上加一笔,不详来源。

孽,小篆作𰀀,从子辥(xuē)声,俗字作"孽",本义是庶子。

孕,甲骨文作𰀀,象子在人中,表示怀孕。小篆作𰀀,遂成今形。

孳,小篆作𰀀,从子兹声,本义是繁息、生殖。

似非而是

𠫓 (tū) ,金文作𰀀,象倒"子"之形。

毓

甲骨文	金文	小篆	隶书	楷书

甲骨文作𰀀,𰀀即"每"像加笄于发的成年母亲,𰀀即"㐬"象正在被生育的小孩形,小点表

示羊水。故"毓"即"生育"之"育"的本字。金文₿，从"女"，与从"母"和从"每"无别。小篆作₿。隶书作₿。

后 后，《甲骨文字典》引王国维说，认为甲骨文一体作₿，表示人产子，与"毓（yù）"同字而更加简化。甲骨文中，从"每"与从"母"、从"女"、从"亻"常常等同。后来₿讹变为₿，而倒着的胎儿₿讹变为₿，遂得到了"后"字。

因为在"母系氏族社会"，家庭关系以母系为本，"生育"者就是家长，就是首领，就是君主，所以"后"就有了"君主"的含义；而生育时，"子"在"母"后面，所以"后"也有用作"先后（後）"的"后（後）"的例子，后来成为"後"的简化字。

育 育，是后起字，只取了₿，加上表示身体的"月（肉）"，意义与"毓"无别。

弃 弃（棄），甲骨文作₿，从𦥑（廾）从₿（即"其"，"箕"的象形本字）从₿（子）会意，表示双手持箕抛弃孩子，所以表示抛弃。见第四册廾部"弃"字说解。

其他

了 孑 孓 了（liǎo）、孑（jié）、孓（jué），都是"子"的省体象形，用来分指不同的含义。了，表示结束；孑，表示孤单；孑孓是蚊子的幼虫。

巳 巳，甲骨文作₿，是"子"的省形。甲骨文中用"子"或"巳"来作地支的第六位。在一些字中用如"子"字。已、己等字，也是"巳"的省体象形，用来分指"已经""自己"等不同的意义。

包 包，小篆作₿，从勹从巳会意，是"胞"的本字，表示胎衣包裹着胎儿，后引伸为"包、裹"的意思。

祀 祀，甲骨文作₿，金文作₿，从示巳声，巳也表义。古代祭祀，常以小儿代替祭祀对象受祭祀，他还有一个专名，叫作"尸"。

─── 字形流变 ───

甲骨文作⪐，象倒转的人形，所以与"逆"义同。金文字形更明显作⪐，小篆作⪐。

┌─ 字例概述 ─┐

"屰(nì)"在朔字中作声符；在欮等字中作义符。
└─────────┘

─── 趣字解形 ───

逆

| 甲骨文 | 金文 | 小篆 | 隶书 | 楷书 |

甲骨文有多体，或在"屰"下加"止"作⪐，或加"彳"作⪐，或两者都加作⪐。小篆作⪐，从辵从屰会意，屰也表声。表示相反、抵触、违背，引申还有"迎接"的含义。

汉字加"彳""行""止""辵"等，都是强化其行动的意义。

─── 趣字析义 ───

欮（jué），从屰从欠会意，表示"逆气"，后来成为厥、瘚、阙（闕）等字的声旁。

字形流变

| 甲骨文 | 金文 | 小篆 | 隶书 | 楷书 |

甲骨文作𦣻，象毛发干枯飘动、扶着拐杖的老人之形。金文作𦣻，所扶的拐杖讹变成了𠃊，小篆作𦣻，金文作老，右侧下面的一根毛发，与扶杖的手连成"丿"；佝偻的身体与左侧下面的一根毛发连成了"一"。楷书变化不大，作老。

义项组词

① 本义，高龄的人：老者、老汉、老当益壮。

② 对长者、尊者的敬称：老丈。

③ 历时长久的：老房子、老邻居、老朋友。

④ 娴熟的，有经验的：老把式、老手。

⑤ 副词，程度深：老羞成怒、老早。

⑥ 副词，一直：老是。

⑦ 名词的词头：老虎、老鼠、老李。

字例概述

从"老"的字，都与"年长"有关，如耄、耋等；有些用省略的"老"字作义符，如耆、考、孝等。

—————| 趣字析义 |—————

耋（dié），小篆作 🔲，从老从至会意，《说文解字》认为，人到八十称为"耋"。

耄，从老毛声，《说文解字》认为"九十曰耄"，古代以"耄耋"来指很高的年寿，并不一定是八十、九十。

耆，小篆作 🔲，从老省旨声，实际上是"老"和"旨"共用"匕"了。本义是"老"。

—————| 似非而是 |—————

考，小篆作 🔲，从老省丂（kǎo）声，表示"老"。隶书作考，遂成今形。

孝，小篆作 🔲，从老省从子会意，表示子女敬承父母。隶书作孝，遂成今形。

—————| 似是而非 |—————

教，金文作 🔲，《甲骨文字典》认为，从爻从子从攴会意，爻兼声，"爻"表示交互、仿效的意思。小篆作 🔲，左边与"孝"的小篆 🔲 仍然存在很大差异；隶书作教，左边与孝同形，楷书作教。

者，金文作 🔲，或说上面从止从水会意，表示积聚，是"著"的本字。学界争论较多，但可以看出来与"老"的金文来源不同。小篆作 🔲，上面仍与"老"不同；隶书作者，遂成今形。

第五册检字表

跋

记得当年我学习古文字时，用的教材是一本油印本裘锡圭先生的《文字学概要》，是裘先生的课堂讲义。很多的学术名著都是先生们的讲义，因为讲义往往会经过师生的互动交流和先生不断的深入思考。池玉玺老师的《字课日日新》不同于目下常见的一般的关于文字的书籍，因为这本书也产生于教学实践，是日日新学堂"文字汇解"课十年教学实践经验的产物。

日日新学堂的"文字汇解"课开始于学堂创立的第二年。2006 年，我们四位家长为了自己的孩子能够得到更好的教育，创建了一个家长互助式的小学堂——日日新学堂，经过十多年的不断摸索实践，提出"自然而然"的教育思想，小学堂也慢慢成长为一座拥有天趣园、渥丘园、燕郊校区、美国普林斯顿分校，有几百名学生的初具规模的学校。我们的教育主张是：

尊重儿童成长的自然性，尊重儿童成长的模糊性与隐秘性，尊重儿童成长的自主性；

我们认为教育的责任是：使每一个孩子成为最好的他自己。

为了实现我们心中的梦想，除了在教育方面积极探索之外，在教学方面，我们也努力创设了一系列新课程，以满足孩子们成长的需要，"文字汇解"课即是其中的一门。

现行的语文课有诸多遗憾，其中之一即是将姿态生动、蕴含丰富的汉字仅仅当作一种符号化文字，像学数字一样学文字，忽视汉字的文化本质、历史演变、鲜活的个性及形态音韵之美。比如，《新华字典》对"徽"的解释是：徽，安徽省的简称；皖，安徽省的别称。而清代的识字课本——《澄衷蒙学堂字课图说》则曰：安徽，安庆府与徽州府之合称也；皖，地名，古皖国在今安徽境，故称该省曰皖。同样一个解释，文化韵致有天壤之别。在教学当中还经常有一些"规定性"的错误。比如，琼、瑶、珮、环等字，原本是"玉"字旁，却"规定"成"王"字旁；肤、胳、膊、脸、脏、腑等字，原本是"肉"字旁，却"规定"

成"月"字旁,其实这些字与月亮没有任何关系。这样的"规定"割断了汉字发展的脉络,使得学生要么囫囵吞枣,不求甚解,要么如堕五里雾中,不知所云,贻害无穷。如果学生对文字的学习只是通过机械的重复练习来达成掌握,无疑会丧失文字学习应有的乐趣,丧失对文字的兴趣和情感,这是个很大的遗憾。

日日新学堂创设"文字汇解"课程,便是语文课程变革的第一步。"文字",就是从"文"到"字"的过程,即从象形的图画到抽象、组合成字的过程,从甲骨文、金文、篆书、隶书到楷书的历史演化过程。这个过程也是儿童思维发育的过程。"汇解",指的是汇集对所学文字的解读,除了字意的汇解还有相关的神话、故事、史料、传说以及科学的融会,既有趣味性——因为趣味性对于儿童最重要——又能积淀文化底蕴,还能激发丰富联想,以及构建思维格局。

我们希望学生在学习文字时能够知其然知其所以然,从文字入手让学生从小感受祖国语言文字之丰富,历史之悠久,文化之灿烂,从而激发学生对祖国文字的热爱,培养学生对汉字的学习兴趣,为其人文素养积累奠定基础。

在教学中,教师与学生一起探索汉字的奥秘,求索汉字的起源,了解文字的本义和字形演变过程,继而掌握其演化出来的偏旁部首,并了解由独体字组成合体字的基本规律。通过这样的学习,孩子们充分体验了汉字之美妙和神奇,了解了文字背后蕴含的文化内涵,拓展了孩子们的文化视野,涵养了孩子们的文化底蕴,并且逐步建立一种开放的、综合的、联想的、演绎的学习及思维方式,而且还帮助孩子们建立对汉字的深厚感情。日日新的孩子都非常喜欢这门课,每当遇到生字时常常会用"文字汇解"的方式探寻这个字的意义。

从 2007 年至 2014 年,学堂共有近十位教师、八届同学上过这门课,教师们在《说文解字》的基础上,参考诸多文字著作,并结合自己的专长汇集演绎相关文字的材料,撰写课堂讲义,总结教学效果,调整上课内容和形式,积累了可贵的教学经验和教学资料。七年来,这门课既培养了孩子们良好的文字素养,同时也滋养了教师的文化底蕴。2012 年,池玉玺老师正式加入日日新,为了总结教学成果,规范教学内容,形成教学体系,池老师开始动念编写"文字汇解"课的教师用书,并于 2013 年成书,开始在课堂上使用。之后又经两度修正,今天终于可以正式出版了。这要感谢知识产权出版社编辑龙文先生的大力促成。本书的问世,也是日日新学堂向广大教育工作者,特别是一线的语文教师们,以及文字学专家们一次求教的宝贵机会,望能得到大家的指教。

希望"文字汇解"这片云能普润大地,使祖国的未来——小学童们蓬勃地成长。

日日新学堂校长　王晓峰

2017 年 5 月